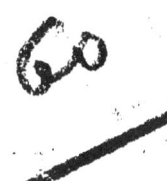

LES 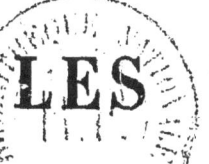 VESTRIS

DU MÊME AUTEUR :

GASTON CAPON

—

Les Vestris

LE « DIOU » DE LA DANSE ET SA FAMILLE

1730-1808

D'APRÈS DES RAPPORTS DE POLICE ET DES DOCUMENTS
INÉDITS

INDEX DES NOMS CITÉS

PARIS
SOCIÉTÉ DV MERCVRE DE FRANCE
XXVI, RVE DE CONDÉ, XXVI

—

MCMVIII

JUSTIFICATION DU TIRAGE

CHAPITRE PREMIER

LA FAMILLE VESTRIS

La rue des Cordeliers. — Les Vestris et leurs enfants. — Aventures d'une famille à travers l'Italie. — A la Cour de Vienne. — Le Prince François de Lorraine et le comte Esterhazy. — Les commissaires de chasteté. — Une partie de la famille se fixe à Milan. — Thérèse à Paris.

Au milieu du XVIIIe siècle, la rue des Cordeliers avait le morne aspect d'une de nos rues de province. Sinueuse, étroite et tranquille, elle était longée d'un côté par les murs du couvent qui lui a donné son nom, de l'autre par les clôtures des collèges de Bourgogne et des Prémontrés. Cependant à partir de la rue du Paon, dont la tourelle d'angle donnait sa note pittoresque, jusqu'à la rue de Condé, quelques hôtels garnis secouaient la tristesse de cette voie parisienne, par le bruit et l'agitation des clients tapageurs.

C'est dans l'un de ces hôtels, à l'enseigne du

Saint-Esprit, tenu par le sieur Morin, qui logeait pour une modeste somme variant de huit à trente livres par mois, que débarquait, le 3 octobre 1747, une partie de la famille Vestris, composée de la mère Vestris, de ses fils Gaétano, Angiolo et Jean-Baptiste, appelés et reçus à Paris par la jeune et jolie Thérésina déjà lancée dans la galanterie parisienne.

Deux rapports de police, l'un daté de 1749 et signé Buhot, l'autre de 1752 et rédigé par Meusnier, racontent les aventures des Vestris jusqu'à leur arrivée à Paris [1]. Bien que les deux inspecteurs diffèrent dans leurs versions, nous allons essayer, à l'aide d'autres documents, d'en extraire ce qui est plausible.

Les époux Thomas-Marie-Hippolyte Vestris et Violante-Béatrix de Dominique Bruscagli, établis à Florence, eurent huit enfants : N..., Madeleine, Francesco, Marie-Françoise-Thérèse, née en 1726, Jean-Baptiste, Gaétano-Appolino-Balthasar, né le 18 avril 1729, Angiolo-Maria-Gasparo, né le 19 novembre 1730, et Marie-Catherine-Violante née vers 1732 [2]. Le père, dit Buhot, avait un emploi du Mont-de-Piété lors-

---

1. ARSENAL. *Archives de la Bastille*, 10237 (Dossier Vestris).

2. Les dates que nous donnons sont prises d'après les actes d'état civil des Vestris établis à Paris que nous avons pu retrouver. On en trouvera le texte plus loin.

qu'il fit « un trou à la lune ». Ayant soustrait de l'argent à l'administration, il dut passer à Naples avec toute sa famille, et comme l'éducation donnée à ses enfants était surtout consacrée à la musique et à la danse, il jugea leur instruction suffisante pour mettre à profit leurs talents naissants. La famille se sépara à Naples et les Vestris vagabondèrent à travers l'Italie. Madeleine, Thérèse, Gaétan et leur père furent à Palerme où ils entrèrent à l'Opéra, la première y chanta les troisièmes rôles et les deux autres dansèrent, La beauté de Madeleine, la jeunesse de Thérèse firent plus pour la fortune de la communauté que leur savoir artistique. Bientôt des amants généreux se disputèrent à prix d'or la couche des belles Florentines et le père Vestris était si satisfait de ces heureux débuts, qu'il mandait à sa femme, restée à Naples avec ses autres enfants, que des monceaux de sequins pleuvaient chez lui, qu'elle vint le rejoindre, laissant là le prince-seigneur, don Carlos, infant d'Espagne, amant assez chiche de Violante chanteuse au Théâtre Neuf. Par malheur la lettre tomba entre les mains du Prince, et comme il y était traité assez légèrement il attendit le moment de se venger. Quand Vestris père fut de retour à Naples avec ses enfants, un ordre du roi exilait toute la famille du royaume.

De nouveau errante, la tribu des Vestris passa

à Bologne et de là, fila vers Venise, où ils firent halte. L'aîné des garçons s'y maria « avec une putain publique », dit Buhot dans son langage précis ; un autre s'y fixa pour apprendre la peinture et en faire son métier ; Thérèse dansa au Théâtre de Saint-Jean-Chrysostome. Bien qu'engagée en qualité de simple figurante elle sut se faire remarquer par François-Marie d'Este, duc de Modène [1], de passage à Venise. Comme la danseuse n'était pas novice, — initiée à l'amour dès sa plus tendre enfance par un certain marquis de Ricardy, gentilhomme florentin, — elle retint cet amant généreux pendant trois mois.

Puis les Vestris se séparèrent derechef pour explorer d'autres terrains. La mère se rendit à Gênes avec Madeleine, Thérèse et Gaétan, tandis que le père et Violante allaient chercher à battre monnaie en Autriche. La Cour de Vienne l'emporta. Bientôt tous les Vestris ayant quelque talent accoururent et figurèrent à l'Opéra de cette dernière ville.

« Tout à Vienne était beau, dit Casanova, il y avait beaucoup d'argent et beaucoup de luxe. » Aussi, sans s'attarder aux intrigues de peu de rapport, « au bras séculier », comme on disait alors, Violante et Thérèse naviguèrent de telle

1. Né le 2 juillet 1698, avait épousé le 20 juin 1720 Charlotte Aglaé, fille du régent. Il mourut le 23 février 1780.

sorte qu'elles amenèrent à leurs pieds les personnages les plus importants de la haute noblesse
viennoise. La première se fit aimer du prince
François-Étienne de Lorraine qui devait devenir
deux ans plus tard chef de l'Empire, et la seconde
du jeune comte Esterhazy.

Par malheur, malgré tout le brillant de la Cour,
les mœurs étaient étroitement surveillées. Marie-
Thérèse, reine de Hongrie, souveraine toute
puissante, entretenait une légion de vils espions
qu'on décorait du beau nom de *commissaires
de chasteté ;* ils étaient les bourreaux impitoya-
bles de toutes les filles et rendaient les doux
plaisirs de Cythère extrêmement difficiles [1].
Ainsi la rigide souveraine fut-elle bientôt ins-
truite des débordements de son favori et du
comte Esterhazy, lequel d'ailleurs ne se cachait
pas et entretenait Thérèse publiquement. Violante avait surtout attiré François de Lorraine,
qui raffolait des brunes, par le noir absolu de
sa toison. Ses cheveux d'ébène, ses sourcils
sombres ombrant l'éclat de ses yeux qui res-
semblaient à deux pierres de jais luisant au
soleil, captivèrent le Prince. Marie-Thérèse, au
courant de ces préférences pileuses et capillai-
res, enjoignit à Violante de ne plus paraître
qu'avec ses cheveux poudrés ; puis, voyant que

1. CASANOVA. *Mémoires,* édit. 1863, tome II, p. 252.

cette mesure ne suffisait pas à détacher François de Lorraine, elle fit interdire ses États à tous les Vestris, rompant du même coup la liaison du comte Esterhazy qui promit à Thérèse de ne pas l'abandonner. Voilà donc encore une fois la famille en quête d'un pays hospitalier et fructueux. Le père Vestris, Madeleine, Violante et Francesço s'acheminèrent vers Milan, où Violante, seule ressource du quatuor, captiva le général Pallavicini, gouverneur de la ville [1]. Ce pays sera la dernière étape du père Vestris qui dut à l'amant de sa fille, un emploi aux portes ; de Madeleine, l'aînée des enfants, déjà vieillie et usée, qui demeurera avec son père, et de Francesco qui s'y mariera ; quant à Violante, elle y restera quelque temps, satisfaite de chanter à l'Opéra les seconds rôles et de tenir le premier chez le général gouverneur.

Pendant ce temps, l'autre partie de la famille s'était rendue à Dresde trouvant accueil à l'Opéra, mais Thérèse n'y séjourna guère et continua son chemin avec sa mère jusqu'à Florence. Elle resta dix-huit mois dans cette ville, engagée

1. Jean-Luc Pallavicini, né à Gênes, en 1697. Ministre plénipotentiaire à Milan, puis gouverneur de Lombardie en 1750. Fut envoyé de la République de Gênes en France en 1748 où il eut pour maîtresse, pendant un séjour de plusieurs années, Mlle Duretz qu'il dut abandonner en mai 1749. ARSENAL. *Arch. de la Bastille*, 10238, f° 712, 10242, f° 267.

au théâtre comme danseuse, recevant de temps à autre des subsides du comte Esterhazy, qui avait gardé un bon souvenir de leurs amours.

Un sieur de Walpole [1] se chargeait de faire l'appoint aux dépenses de Thérèse. Elle quitta cependant Florence pour rouler de province en province et venir enfin échouer à Paris en 1746. Un heureux hasard lui fit rencontrer le duc de Modène qui, à sa vue, sentit se rallumer ses premiers feux au souvenir des doux moments passés avec elle à Venise ; il offrit ses services, aussitôt acceptés par Thérèse, trop heureuse d'avoir dans la capitale un pilote d'aussi haute réputation.

Homme à la mode, courant les plaisirs, le duc lança en effet la belle Italienne dans la bonne société des parties fines et des petits soupers, après lesquels Thérèse rentrait rue des Cordeliers où elle avait loué, en arrivant dans la capitale, un appartement à l'hôtel du Saint-Esprit.

Voyant le parti qu'il y avait à tirer dans une ville comme Paris pour des gens hardis et confiants dans leurs talents, Thérèse n'hésita pas à faire venir auprès d'elle ceux de ses frères capables de se faire une bonne place, ainsi que

---

1. Ce n'était pas le littérateur anglais. Horace Walpole fit bien un séjour à Florence de 1739 à 1741, mais il avait dans ce pays un parent portant le même nom. (*Dictionnary of National biography*, edited by Sidney Lee.)

sa mère qui serait une gouvernante sûre et fidèle. C'est dans ce but que la mère Vestris, Gaétan, Angiolo et Jean-Baptiste, arrivaient le 3 octobre 1747 à la conquête de Paris.

CHAPITRE II

LES AMOURS DE THÉRÈSE

Les Vestris en place. — Portraits de Thérèse. — Ses
premiers amants à Paris. — Le duc de Modène. —
M. Civix des Forges. — Un enlèvement déjoué. —
Le comte Esterhazy. — Le chanteur Jeliotte.

Les conjectures de Thérèse se réalisèrent au
delà de ses espérances. En peu de temps tous
les Vestris se trouvèrent engagés à l'Académie
royale de musique. Gaétan y entra en avril 1749,
Thérèse débuta le 17 mars 1751 dans le *Carna-
val du Parnasse* [1]; Angiolo, d'abord joueur de
flûte traversière aux Concerts de la Reine,
fut admis, le 1er mai 1753, pour danser dans les
ballets [2]; et Violante, après avoir quitté Milan
en 1748 et fait séjour à Turin l'année suivante [3],
chantait à la Cour, le 9 novembre 1750, plusieurs airs italiens qui lui ouvrirent les portes

1. *Almanach des spectacles*, 1752.
2. ARCHIVES DE L'OPÉRA. *État des appointements.*
3. GIACOMO SACERDOTE. *Teatro Regio di Torino*, 1892, n. 8.

du Concert spirituel[1]. Un seul des Vestris venus
à Paris ne laissa pas de traces dans les fastes
théâtrales, c'est Jean-Baptiste qu'on surnommera
plus tard, quand Gaétan tiendra le sceptre de
la danse à l'Opéra, comme il ne cessera de vivre dans l'ombre de son rayonnement, « le *cuisinier* » de la famille [2].

En attendant que leurs talents s'imposent au
public, Thérèse, courtisane inlassable, va devenir une des filles du monde les plus recherchées,
et sera le soutien de ses cadets.

Grande, bien faite, les cheveux chatain clair,
de fort beaux yeux, le visage un peu marqué de
petite vérole mais qui n'en détruisait pas le
charme, la peau très blanche, la gorge belle, âgée
de vingt et un ans, telle était, en 1747, Thérésina Vestris qui, sans être régulièrement jolie,
possédait une de ces figures intéressantes qui
plaisent et qui lui valut le surnom de belle Italienne [3]. Un critique alléché complètera ce portrait
lorsqu'elle paraîtra sur la scène de l'Opéra :

« C'est bien la plus agréable ballerine que la
signora Thérésina. Plaisir de ma vie, quelle
jambe !.... taille svelte admirable, des bras un

---

1. Grégoir. *Les gloires de l'Opéra*, 1881, n. 8, tome II, p. 32.

2. Nous connaissons son nom par l'acte de baptême d'Auguste Vestris, fils de Gaétan, dont il fut le parrain.

3. Arsenal. *Archives de la Bastille*, 10237, *Rapports de Meusnier.*

peu longs, mais nous savons nous replier ; la tête haute, bien placée, d'une inflexion charmante, des yeux, des dents, des lèvres et un sourire, un accompagnement de physionomie si gracieux, quelque chose de si tendre, de si voluptueux dans tous ses mouvements, une gentillesse si suave qui vous entre si avant dans la fantaisie : toujours j'y pense... [1] »

On conçoit que de tels agréments devaient être recherchés et payés chèrement par les coureurs de filles les plus huppés, toujours en fringale d'amour, toujours à l'affût des nouvelles beautés qui paraissaient sur le haut trottoir.

Aussi dès que le duc de Modène, rappelé, dut regagner ses États, Thérèse « n'éprouva pas de longues vacances ». M. Civix des Forges, connu sous le nom de comte de Mouzone, chargé des affaires du duc, se chargea aussi du soin de consoler sa maîtresse, et elle ne s'en tint pas à cette unique ressource. On lit en effet :

Du 14 novembre 1748.

A Dlle VESTRIS
surnommée
BELLE ITALIENNE
Rue des Cordeliers
bourg St-Germain.

...Sa mère et ses deux frères demeurent avec elle. Ils n'ont point de domestiques. C'est la mère qui fait la cuisine et un savoyard les commissions.

M. Civix des Forges, ministre plénipotentiaire du duc de Modène, rue Pavé au Marais, y

1. CLÉMENT. *Cinq années littéraires*, 1754, in-8, tome IV, p.175.

vient presque tous les jours. Il passe pour être le
tenant et c'est lui qui fait subsister toute la famille;
cependant il n'est pas le seul favorisé de la demoiselle Vestris. Indépendamment de deux jeunes gens
qui y viennent assés ordinairement en carrosse de re_
mise, je n'ai pu savoir leur nom, ni leur état; un
homme à équipage y vient fort souvent. Hier 13, ce
même homme à équipage, avec ses deux laquais, y
est venu sur les six heures du soir. La personne que
j'avais postée pour observer, n'ayant pu savoir qui il
étoit, a attendu jusqu'à sept heures et demie qu'il est
sorti et a suivi le carrosse depuis la rue des Cordeliers jusque dans la rue de l'Université, au coin de
la rue Bellechasse, où le carrosse est entré. Par cette
information faite, il se trouve que c'est M. le marquis
de Monfenac, qui a, dit-on, une épouse beaucoup
plus aimable que n'est la belle Italienne [1].

La fantaisie du marquis de Monfenac pour
Thérèse fut de courte durée, car l'inspecteur
Meusnier, si bien informé, ne revient plus sur
les fugues de ce mari volage; toutefois il ajoute
que la demoiselle Vestris ne s'en tient pas « à
ces parties chez elle et qu'elle découche assez
souvent ».

Dressant ainsi ses batteries à l'insu de l'amant
en titre, Thérèse, par ce casuel, augmentait singulièrement son revenu et déchargeait un peu

1. ARSENAL. *Archives de la Bastille*, 10237. *Dossier Vestris.*

le comte de Mouzone qui n'aurait pu suffire à
son appétit d'argent et de plaisir, car l'Italienne
était à la fois voluptueuse et intéressée.

L'entrée de Gaétan à l'Opéra, et l'arrivée de
Violante en 1749, décidèrent les Vestris à dé-
loger de la rue des Cordeliers et à se séparer
afin de diviser les charges des deux sœurs et
de faciliter leur commerce galant. Thérèse vint
demeurer avec sa mère et Gaétan, rue Neuve
des Petits-Champs, près de la rue Sainte-Anne.
Violante, protégée par M. de la Poupelinière,
mécène opulent, qu'elle avait charmé par sa
superbe voix de soprano, habita non loin de là,
rue Neuve des Bons-Enfants, au petit hôtel du
Maine, avec ses frères, Jean-Baptiste et Angiolo.

M. Civix des Forges prit donc le chemin de
la rue des Petits-Champs comme il avait pris
celui de la rue des Cordeliers et continua de
défrayer la maisonnée, aussi fidèle à son rôle
de trésorier que sa maîtresse était inconstante.
Ce fut bien pis quand Thérèse débuta à l'Opéra
en 1751, car un tel engagement équivalait à cette
époque à un « passe-port de mauvaise vie et
de mœurs [1] ».

Néanmoins le règne du comte de Mouzone
dura encore un an, pendant lequel il resta le

---

1. *Représentations à M. le lieutenant général de police*, 1760,
in-12, p. 23.

Monsieur qui paye, mais il devenait moins assidu et s'offrait de temps à autre quelques
petites débauches à la dérobée. Dans ses voyages à la suite de la Cour, il ébaucha même un
commencement de roman que l'inspecteur Meusnier raconte en ces termes :

30 May 1752. — M. de Civix des Forges, connu
sous le nom de comte de Mouzone, ministre plénipotentiaire du duc de Modène, rue de la Perle, au
Marais, ne borne point ses conquêtes dans la seule
enceinte de Paris. Il y a à Senlis une hôtellerie, où
pend pour enseigne le *Château d'or*, tenue par le
sieur David et sa femme qui, dans le nombre de
cinq ou six enfants, ont une fille âgée de seize ans,
fort bien élevée, grande, bien faite, brune, la peau
d'une blancheur éclatante et d'une figure des plus
intéressantes.

M. de Mouzone, allant de Paris à Compiègne, des-
cendit à cette auberge; il fut frappé de la beauté de
cette fille et dès ce moment, il forma le dessein de
l'enlever; la difficulté étoit de l'y faire consentir et
de l'amadouer. Pour y parvenir il s'aboucha d'abord
avec la servante, fille normande rien moins que
scrupuleuse, qui, moyennant deux écus, promit de le
servir. Effectivement, dès le soir même, elle sonda
cette jeune fille, dans la chambre de laquelle elle
couchoit et n'omit rien pour lui faire entendre la
fortune brillante qu'elle pouvoit faire avec l'ambassadeur si elle vouloit consentir à la proposition, au
lieu que restant dans le païs elle ne pouvoit espérer

qu'un état bien médiocre. Il ne fut cependant rien décidé cette fois là. Quelques jours après, l'ambassadeur repassa et, pour engager la servante à ne point se rebuter, il lui donna dix louis. Elle obtint enfin de sa jeune maîtresse qu'elle se mettroit au moins en correspondance de lettres avec lui pour lui prouver qu'elle ne lui en imposoit point. Ce commerce préliminaire dura quelque tems, mais rien de nouveau sur l'enlèvement proposé, la jeune fille ne pouvoit, malgré toutes les belles promesses d'équipage, de belles robes, de diamans, se résoudre à faire cette démarche.

La persévérance qui souvent vient à bout des choses les plus désespérées fit icy son effet. Notre normande en fit part à l'ambassadeur qui se rendit sur-le-champ à Senlis et au lieu de descendre chez les père et mère de la fille, il vint incognito à *l'Ange*, autre auberge dans le voisinage. Le complot étoit que la servante et un valet d'écurie, aussi dans la confidence, et qui devoient être l'une femme de chambre, l'autre laquais de la nouvelle ambassadrice, faciliteroient pendant la nuit l'évasion de la jeune fille, qui l'escorteroient jusqu'à l'entrée de la ville ou Son Excellence l'attendoit avec son équipage. Ce projet échoua par l'irrésolution de la fille. On ne se rebuta point. Le jour de la Purification du mois de février dernier fut choisi pour consommer définitivement cette affaire. La servante au lieu d'aller à la messe avec la jeune fille devoit joindre le comte de Mouzone qui devoit se trouver à l'entrée du bois de Senlis, où il vint effectivement, mais par un coup du ciel, le père et la mère, inquiets de l'intimité,

subite de leur fille avec cette servante, soupçonnè-
rent quelques manœuvres entre elles. Pour en demê-
ler motif le père prit le parti d'écouter pendant la
nuit les propos qu'elles tenoient avant de s'endormir. Par ce moyen il découvrit toute la manigance
et certes il étoit tems. En gens sages et avisés ils ne
firent point d'éclat, ils congédièrent les deux domestiques, mirent dès le lendemain leur fille au couvent
de la Présentation à Senlis où elle est depuis environ deux mois.

Nota. — Elle a été f... puisqu'elle a passé une
nuit avec Son Excellence dans l'auberge de l'*Ange* ;
Éléonore, sa camarade, me l'a assuré [1].

La dernière note de l'inspecteur, qui ne farde
pas ses mots, montre que si le comte échoua
dans le rapt de la jeune fille il n'en eut pas
moins les prémices et fut heureux toute une
nuit. Pendant qu'il se promettait d'abandonner
Thérèse pour élever la fille de l'aubergiste David au rang de fille du monde, la danseuse de
son côté le sacrifiait pour recevoir ouvertement le comte Esterhazy de passage à Paris.
L'ancien amant de Thérèse, n'avait à vrai dire
jamais cessé de s'occuper d'elle, et le souvenir,
déjà lointain, de leurs ébats à Vienne, lui était
si cher qu'il n'hésita pas à se remettre sous

---

1. ARSENAL. *Archives de la Bastille*, 10239, f. 324. Cette
fille se maria à Senlis en 1755.

le joug agréable de la belle Italienne ; M. Civix des Forges resta entre deux selles jusqu'à ce qu'une demoiselle Delorme lui offrît une compensation [1].

Le grand seigneur autrichien était pourtant très sollicité. Le bruit de sa munificence l'avait précédé et la troupe entière des jolies gaillardes cherchait à lui plaire, mais il dédaigna toutes les avances pour se consacrer à Thérèse. D'un beau geste il renvoya même, toute cachetée, une lettre que lui adressait une avantageuse intrigante, la baronne Blanche [2], qui brillait alors à Paris aux dépens du prévôt des marchands, M. de Bernage [3].

Fidèle à ses principes, la danseuse n'avait pas la même constance que son amant princier ; elle occupait les loisirs que lui laissait celui-ci en compagnie de Jeliotte. Jeliotte, le chanteur à la mode, l'homme recherché des grandes dames, qui allait à cinq heures du matin « donner des leçons » à Madame la duchesse de La Vallière [4].

Jeliotte n'était cependant pas joli. Il était

1. ARSENAL. *Archives de la Bastille*, 10238, f. 172.
2. Anne-Pétronille-Thérèse de Caussa, veuve de Jean, baron Blanche. Elle mourut rue du Colombier le 1ᵉʳ février 1763 (ARCHIVES NATIONALES : Y, 14326, *Scellés*)
3. ARSENAL. *Archives de la Bastille*, 10239, f. 233 verso.
4. ARSENAL. *Archives de la Bastille*, 10235, f. 343.

petit, mal fait ; mais il possédait des qualités
qui plaisent aux femmes. Doux, complaisant,
aimable, il jouait tous les jeux et les aimait.
Musicien remarquable il connaissait tous les
instruments et plus spécialement le théorbe
qu'il touchait à ravir, et ce qui séduisait surtout
en lui, c'était sa voix, organe puissant et superbe, au timbre d'une haute contre parfaite,
« certains sons étaient aussi brillants que s'ils
sortaient d'une cloche d'argent ». Dès qu'il
chantait il se faisait un silence religieux pour
l'écouter, ses auditrices tombaient en extase [1].

On conçoit que Thérèse s'offrit le luxe d'un
greluchon si couru des grandes dames et une
des gloires de l'Opéra. Néanmoins elle fit sou-
pirer longtemps le chanteur avant de s'abandonner à lui et Jeliotte dut faire pour la danseuse
ce qu'il refusait à ses soupirantes de qualité.
Il fut réellement aux petits soins, attentionné
et prévenant en véritable amoureux et, lorsque Thérèse eut ainsi marqué son empire sur
lui, qu'elle fut certaine d'être jalousée par les
sensibles admiratrices de Jeliotte, quand elle
vit le conquérant devenir son humble serviteur,
elle lui fit don de son corps.

1. Dufort de Cheverny. *Mémoires*, 1886-8, tome I, p. 98-99.

PREMIERS SUCCÈS DE GAÉTAN

Le danseur Dupré. — Portrait de Gaétan. — Jugement de ses contemporains. — Mlle Romainville et M. de Maisonrouge.—Vestris greluchon.— Mlle Lemarquis. — Vengeance de M. de Villeroy. — Paternité contestable. — Gaétan veut jouer au grand seigneur.

A l'Académie royale de musique Gaétan Vestris s'était rapidement imposé et tout contribuait aussi à son prompt avènement.

En 1749, lors de ses débuts, l'Opéra n'était guère riche en danseurs. Comme premiers sujets, il n'y avait pour barrer la route à Vestris que Dupré et Lany.

Le premier, âgé, ayant déjà près de trente ans de présence au théâtre et qu'on appelait le *grand* Dupré, voire même l'*Apollon* de la danse, tant ses poses académiques, ses effets de plastique, avaient de grâce aisée et d'élégance naturelle, excitait encore l'enthousiasme du public, mais l'uniformité de ses attitudes, de ses pas, le peu de durée de sa présence ne suffisaient pas pour remplir un spectacle. Casanova, qui le vit à Paris en 1750, rapporte ainsi l'impression que lui causa Dupré : « Je vois toujours cette belle figure, qui s'avance à pas cadencés, et parvenue sur le devant de la scène, élever lentement ses bras arrondis, les mouvoir avec grâce, les étendre, les resserrer, remuer ses pieds avec précision et légèreté, faire des petits pas, des battements à mi-jambe, une pirouette, ensuite disparaître comme un zéphir. Tout cela n'avait pas duré une demi-minute [1] » ; les spectateurs étaient ravis. C'était peu, et on a le droit d'être étonné, malgré toute la perfection qu'on se plaît à lui accorder. que Dupré ait eu une vogue aussi durable.

Le second, Jean-Barthélemy Lany, quoique excellent danseur et encore meilleur maître de ballets, ne possédait aucune des qualités qui caractérisent un artiste de premier plan.

C'étaient là les deux seuls concurrents sérieux que le jeune Vestris avait à combattre. Doué d'une taille avantageuse, d'un joli visage, Gaétan était le type accompli du florentin blond et charmant. Passionné pour son art, il était déjà remarquable par la pratique qu'il avait acquise

---

1. Casanova. *Mémoires*, édit. 1865, in-12, tome II, p. 189.

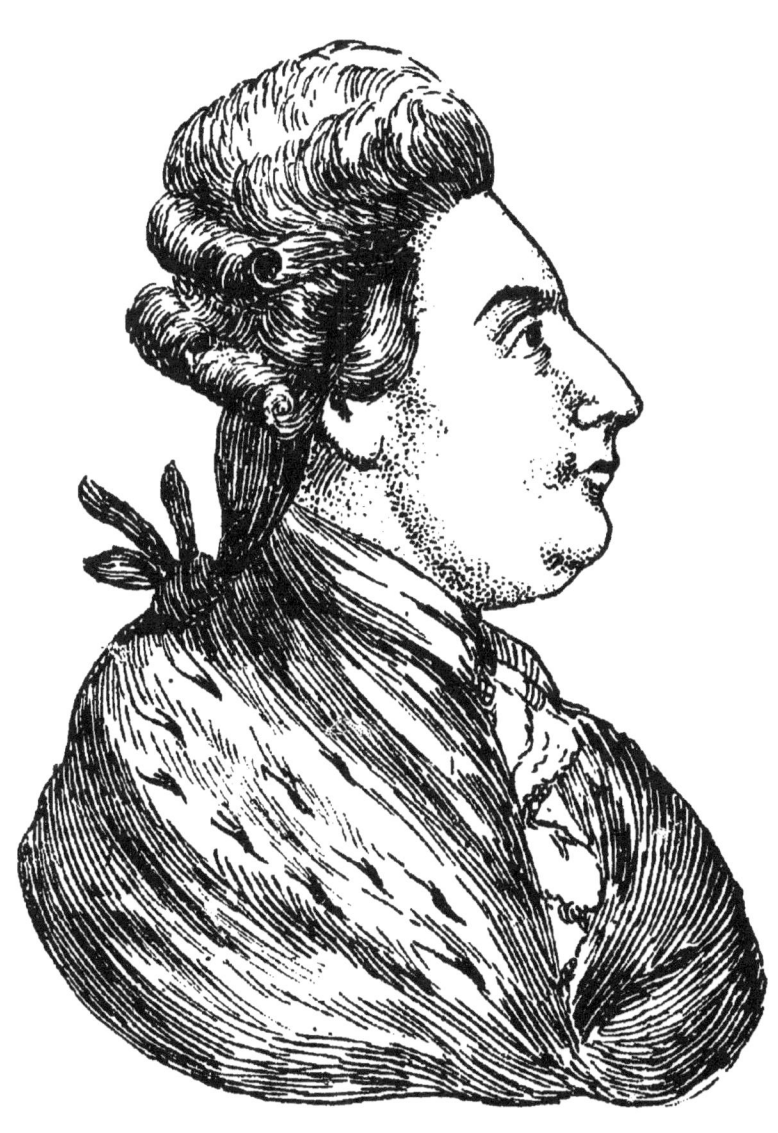

GAÉTAN VESTRIS

dans les différentes villes où il avait exercé, bien qu'étant ce qu'on appelle, en terme de danse, *jarreté*, c'est-à-dire qu'il avait les cuisses trop rapprochées, les hanches étroites et en dedans ; malgré cette imperfection qu'il sut vaincre à force de travail, Vestris reçut à Paris les applaudissements unanimes de tous les connaisseurs. En peu de temps, il se perfectionna sous la direction de Dupré qui voyait en lui un brillant élève, un digne successeur, et bientôt, prenant son essor, il s'éleva au rang de son illustre maître « qu'il égala en perfection et surpassa en variété et en goût [1] ».

Aussi lorsque Dupré se retira, en 1751, Vestris obtint l'emploi de danseur seul aux appointements de 1500 livres [2], à la satisfaction du public dont l'écho en est consigné par Clément à la date du 30 septembre 1752 :

Le premier danseur après Dupré, dit-il, et dans son genre que nous ayons aujourd'hui à l'Opéra, est un jeune florentin nommé Vestris ; assez grand, bien fendu, taillé noblement et d'une jolie figure au théâtre [3].

Outre ses capacités physiques et chorégraphiques, Gaétan possédait un aplomb qui frisait

1. NOVERRE. *Lettres sur la danse*, 1804, n. 4, tome IV, p. 82.
2. ARCHIVES DE L'OPÉRA. *Etat des appointements* (année 1751). Sa sœur Thérèse qui débuta cette année avait 1200 livres.
3. CLÉMENT. *Cinq années littéraires*, 1754, n° 8, t. IV, p. 175.

l'impudence, un merveilleux entregent pour saisir et profiter de toutes les éventualités ; avec cela, hâbleur au possible, infatué suffisamment de sa personne, il réunissait les qualités essentielles à un artiste désireux de parvenir.

Joli homme, audacieux, plein de faconde, ce diseur de riens ne manqua pas d'être aimé des femmes. La première conquête que nous lui connaissons est une agréable chanteuse de l'Opéra, Mlle Romainville, née Rotisset, « assez grande, bien faite, le visage maigre et long, brune, âgée de trente à trente-deux ans, assez jolie » ; tel est le portrait qu'on nous a laissé de cette actrice, qui avait vécu tour à tour des largesses de M. le duc de Grammont [1], du prince de Turenne [2], du duc de Lauraguais [3], et qui bridait alors M. de Maisonrouge, receveur général des finances « bête, un peu beuf », à gaillarde cinquantaine. Ce dernier, quoique grand débauché, s'était laissé engluer par la chanteuse ; il en tenait si sérieusement qu'il exprima la plaisante prétention d'accaparer pour lui seul la séduisante personne, un jour que prise d'une toquade elle avait suivi le comte de Coubert [4],

---

1. Antoine Antonin, duc de Grammont.
2. Fils du duc de Bouillon.
3. Louis de Brancas, fils de Louis-Antoine de Brancas, duc de Villars (La Chesnaye Desbois).
4. Jacques-Samuel-Olivier, comte de Coubert, né en 1730, était petit-fils de Samuel Bernard.

rencontré chez une amie. Vexé de ce lâchage, M. de Maisonrouge lui reprocha durement son infidélité ; mais Mlle de Romainville le prit de haut et répliqua qu'elle n'entendait pas se séquestrer « du reste du genre humain ni vivre en esclavage et que, dès qu'il le prenait sur ce ton, elle le priait de rester chez lui et d'y passer sa mauvaise humeur [1] ». Le receveur général se le tint pour dit ; désormais il la laissa se divertir. C'est que la demoiselle avait le cœur chaud et était à l'âge où les sens parlent impérieusement ; friande de toutes les joies de l'amour elle s'abandonnait non seulement aux hommes, mais cherchait volontiers des plaisirs plus subtils en compagnie de Mlle Devosse [2], simple raffinement, aiguillon des désirs que Vestris devait satisfaire.

Gaétan suppléa M. de Maisonrouge auprès de Mlle Romainville, même lorsque le receveur général, plus épris que jamais, eut épousé la danseuse, le 3 février 1752, à Saint-Séverin [3].

---

1. ARSENAL. *Archives de la Bastille,* 10237 (*Dossier Romainville.*

2. ARSENAL. *Archives de la Bastille,* 10239, f° 126.

3. ARSENAL. *Archives de la Bastille,* 10237 (*Dossier Romainville*). Il n'y avait que deux mois que sa femme était morte. Toutefois, il était depuis longtemps séparé d'elle et plaidait en séparation (Barbier, *Journal*). Quant à la demoiselle Romainville, enceinte quand elle se maria, elle ne put guère jouir de sa nouvelle situation. Elle succomba à la suite de ses couches,

Toutefois cette intrigue qui durait depuis juillet 1750 commençait à lasser Vestris attiré vers
une autre beauté de l'Opéra. L'inspecteur Meusnier, au courant de toutes ces petites histoires,
nous apprend à la date du 24 février 1752,
que :

La demoiselle Romainville a toujours pour greluchon le beau et fade Vestris, qui, à la répétition
d'hier 23, étoit en pourparlers avec la demoiselle Lemarquis, danseuse dans les ballets, entretenue par
M. de Villeroy ; et quoiqu'ils parlassent bas, on a
entendu qu'elle lui disoit :
— Si vous voulez absolument me venir voir et me
donner quelques leçons de danse, venez du moins le
matin de bonne heure, car le marquis vient tous les
jours à neuf ou dix heures et ne me quitte plus de la
journée [1].

Gaétan n'eut garde de se refuser à l'assenti-
ment peu déguisé de Mlle Lemarquis. Le prétexte
des leçons de danse (et celles de Vestris com-
mençaient à être recherchées), fut accepté. Le
matin, le beau danseur prenait le chemin de la
rue Saint-Honoré, s'arrêtait vis-à-vis des petites
écuries du Roi et précédait auprès de la jeune

le 14 mai 1752 (Nouvelles à la main de Bosquet de Colomier,
publiées par M. d'Estrée dans Souvenirs et Mémoires, 1901,
n° 8, p. 38

1. ARSENAL. Archives de la Bastille, 10237, f° 360.

Étiennette Lemarquis l'amant en titre, M. de Villeroy [1]. Bien que s'entourant de toutes les précautions qui font le charme des amours défendues, bien que Vestris eût soin de disparaître avant que M. de Villeroy fût signalé, ces leçons particulières qu'on cachait au marquis ne laissèrent pas de paraître étranges aux familiers de la maison. En conséquence M. de Villeroy en eut bientôt connaissance. Fortement épris de la demoiselle, il n'hésita pas ; il se rendit auprès de Vestris, et lui ordonna de cesser ces visites. Mais il dut réitérer plusieurs fois sa défense, car le danseur, sans se soucier de ses ordres, Mlle Lemarquis, sans écouter ses supplications, continuèrent la danse prohibée. M. de Villeroy exaspéré mitonna sa vengeance, non pas contre l'infidèle qu'il aimait trop, mais contre l'entreprenant séducteur. Comme Vestris prenait également des élèves des deux sexes, qu'il assouplissait en ce moment même M. de Lomaria, gentilhomme espagnol, le marquis, l'abordant un soir, au sortir de l'Opéra, lui dit qu'il voulait lui donner « deux mylords de ses

---

1. Arsenal. *Archives de la Bastille*, 10243, f° 92.

Le marquis de Villeroy, Gabriel-Louis-François de Neufville, comte de Sault, ensuite marquis de Villeroy, puis duc de Villeroy, né le 8 octobre 1731, marié le 13 janvier 1747 à Jeanne-Louise-Constance d'Aumont. Il fut décapité le 29 avril 1794. Il ne laissait pas de postérité. (La Chesnaye-Desbois.)

amis pour écoliers et qu'il devoit souper le soir
même avec eux, qu'il n'avoit qu'à monter dans
son équipage et qu'il seroit de la partie. M. de
Villeroy se fit conduire vis-à-vis le pont tour-
nant et avoit ordonné à ses gens de prendre des
fouets ou des baguettes. Il fit mettre pied à terre
à Vestris et lui dit qu'il l'avoit amené pour lui
donner les étrivières. Luy, ingambe, fut assez
heureux de l'éviter en prenant la fuite [1]. »

Cette leçon mit-elle fin aux amours de Vestris
et de Mlle Lemarquis ? Tout ce que l'on en sait est
qu'elle fut si sensible à Gaétan, par la frayeur
qu'il éprouva, qu'il dut se faire saigner aussitôt et,
s'il continua de partager avec M. de Villeroy la
couche de Mlle Lemarquis, le fit-il avec tant de
prudence qu'il n'en reste aucune trace. Toutefois les rencontres quasi-quotidiennes de Vestris
et de la belle Étiennette au théâtre permettent
de supposer qu'ils purent encore s'aimer en
secret, si leur caprice le commandait.

L'année suivante M. de Villeroy, qui n'avait
aucun enfant de son mariage et ne devait jamais
en avoir, eut le bonheur de connaître les douces
joies de la paternité, et c'est à sa maîtresse qu'il
dut cette félicité flatteuse.

Effectivement Mlle Lemarquis accoucha le
27 juin 1753 d'une fille que Villeroy s'empressa

1. ARSENAL. *Archives de la Bastille*, 10237 (*Dossier Vestris*).

de reconnaître pour sienne et dont l'acte suivant fait foi :

Extrait des registres de baptême de l'église royale et paroissiale de Saint-Germain-l'Auxerrois à Paris.

Du jeudy, vingt-huitième juin, mil-sept-cent-cinquante-trois.

Fut baptisée Anne-Camille, fille de très haut et puissant seigneur Louis-Gabriel de Neufville, marquis de Villeroy, lieutenant-général pour le Roi des provinces du Lyonnois, Foretz et Beaujolais, colonel du Régiment-Infanterie Lyonnois;—et de Estiennette-Marie-Perrine Le marquis. Le parrain, haut et puissant seigneur, monseigneur Honoré-Camille-Léonor de Grimaldy, par la grâce de Dieu, prince souverain de Monaco, duc de Valentinois, pair de France, maréchal des camps et armées du Roi. La marraine, Anne Veronèze, fille majeure. L'enfant est née d'hier[1].

Peut-être que Vestris eut sa part de collaboration à la venue au monde de l'enfant aussi noblement patronnée; car M. de Villeroy, qui continua ses soins auprès de Mlle Lemarquis pendant encore près de six ans, n'eut pas d'autre fruit de ce commerce illégitime ; et ce n'est pas la danseuse qu'il faut accuser de stérilité : elle prouva sa fécondité lorsqu'en 1761 M. le duc d'Orléans succéda à M. de Villeroy[2].

---

1. ARSENAL. *Archives de la Bastille*, 10237 (*Dossier Lemarquis*).

2. BIBLIOTHÈQUE NATIONALE. *Manuscrits français*, 11358, f°s 399, 447 (mars et juillet 1761). Mlle Lemarquis resta la maî-

Vestris triomphait sur les planches, comme sur les cœurs ; son nom était suivi d'appréciations élogieuses dans le *Mercure* et à mesure que l'on célébrait son talent, sa suffisance augmentait en dépit des jalousies de ses camarades et du mécontentement des gentilshommes de la chambre, tout-puissants à l'Opéra, que ses façons irritaient.

Paré comme un brillant marquis, Gaétan se plaisait à contrefaire le petit-maître, et lorsqu'il revêtait son habit de velours à quatre couleurs, il ne lui manquait que le plumet et les talons rouges pour avoir l'apparence d'un grand seigneur. C'est dans cet accoutrement que le 28 décembre 1754, ayant à réclamer au sujet de ses entrées à l'Académie royale de musique, il se rendit chez M. le duc de Gesvres, premier gentilhomme de la chambre, pour avoir satisfaction.

Son entrée chez le duc fit sensation et « aux airs qu'il se donnoit dans un fauteuil, ceux qui se trouvèrent là, ne le connaissant vraisemblablement pas, commençoient à le regarder comme un personnage de conséquence, lorsque M. le duc de Gesvres, qui de sa chambre voyoit dans une glace toutes les minauderies du sieur

tresse attitrée du duc d'Orléans jusque vers 1770 et prit le nom de Mme de Villemomble. Elle eut deux enfants de ses relations avec le Prince.

Vestris, vint les tirer de l'erreur où ils étoient en disant :

« — Eh bien Vestris, quel motif vous amène icy ?

« — Monseigneur, repartit le danseur un peu déconcerté, je viens me plaindre à vous du peu d'égards que l'on a pour moi à l'Opéra. Vous n'ignorez pas que je remplis actuellement la place du sieur Dupré, cependant on lui en accorde une à l'amphithéâtre et l'on me refuse la mienne. Ce seul motif, monseigneur, m'est assez déterminant pour demander mon congé si vous n'avez pas la bonté de statuer sur mes représentations.

« M. le duc de Gesvres lui répondit d'abord que lorsqu'il auroit acquis par ses services les mêmes prérogatives que son prédécesseur on ne sçauroit point faire d'injustice, mais qu'il n'en étoit pas encore là. Ensuite revenant à l'alternative, il dit sèchement que comme on ne retenoit point les sujets malgré eux, il pouvoit, en se conformant aux règlements de l'Opéra, non seulement se retirer luy, mais encore sa sœur et son petit frère qui danse dans les ballets.

« Cette réponse et une audience publique à laquelle il ne s'attendoit pas, le rappela à son ancien état ; il fila doux, tira sa révérence et s'en fut [1]. »

---

1. ARSENAL. *Archives de la Bastille,* 10237 (*Dossier Vestris*).

L'histoire ne manqua pas de se répandre, on s'en gaussa dans le monde des coulisses, et quand Vestris témoignait de l'humeur, ses camarades l'envoyaient exposer ses griefs à M. le duc de Gesvres.

CHAPITRE IV

THERÈSE INTRIGUE

Petits soupers. — Lany perçoit le droit de jambage. —
M. Bay de Curis. — Son fatalisme. — Mlle Brillant.
— M. de Saint-Florentin. — M. Le Normant d'É-
tiolles. — Fâcheuse méprise. — Violante Vestris et
ses conquêtes. — Un souper chez M. de Vandières.
— Manies de M. de Kaunitz. — M. de Montmorin. —
Les mots de M. de Souvré. — Marie-Trois-Tétons. —
Départ de Violante. — Un mystérieux amant de
Thérèse. — Le duc d'Orléans. — Sécheresse de
cœur de Thérèse. — Elle est punie.

Cependant Thérèse, de son côté, accroissait
son luxe, resplendissait au premier rang des
filles d'opéra.

Tandis que le comte Esterhazy finançait en
amant généreux et peu regardant, que Jeliotte
le secondait selon ses moyens, la belle Italienne
courait les petits soupers.

Elle fréquentait chez le fermier général Villemur, dans sa petite maison à Neuilly où se
réunissait une égrillarde compagnie. Il y avait

3

M^{le} Briseval, danseuse du corps de ballet ;
Mme Rey et sa fille, la première qui avait jadi
brillé à l'Opéra faisait l'éducation de la seconde,
nouvelle venue dans le sérail ; Mlle Labatte,
ballerine au goût non conformiste en amour.
En hommes, c'étaient le frère du fermier général, M. de Villemur l'aîné, receveur général des
finances ; M. de Beaufort et M. de Curis. Les
parties étaient souvent poussées jusqu'à la débauche au point qu'un matin on fut obligé d'em-
baller Mlle Labatte dans le carrosse de l'amphi-
tryon « si saoule qu'elle rendait par en haut et
par en bas et qu'elle avoit gâté toutes ses camarades [1] ».

Mlle Vestris se plaisait à ces agapes, aussi
quand le comte Esterhazy fut obligé de repartir
pour l'Autriche au mois de juin après avoir laissé
10.000 livres à Thérèse pour la consoler de son
trop court séjour, malgré cette petite fortune,
elle ne tarda pas à se faire entretenir magnifi-
quement.

D'abord en fine politique elle céda aux solli-
citations de Lany, maître des ballets, qui lui
offrit comme cadeau de noces une tabatière d'or,
prodigalité qui ne lui coûtait guère puisqu'il
avait reçu cet objet du prince autrichien pour
favoriser Thérèse à l'Opéra ; mais elle obtint

---

1. ARSENAL. *Archives de la Bastille*, 10239, p. 320.

aussi de danser un pas qui appartenait à Mlle Puvigné, premier sujet de la danse, dans *Acis et Galathée*, pastorale historique de Campistron, musique de Lully, reprise le 6 juin 1752. Cela fit un beau tapage dans les coulisses, entre les deux danseuses. Mlle Puvigné, qui recevait alors les hommages du marquis de Voyer, s'en plaignit rageusement et son amant dut pour la contenter en toucher quelques mots au ministre. Vaine démarche ; Mlle Puvigné eut beau se remuer, crier, menacer de quitter le théâtre, l'entrée resta à Thérèse.

D'ailleurs elle s'en acquitta si bien, qu'elle réussit à faire balancer le suffrage du public et s'éleva, par cette manigance, au niveau de sa compagne ; les connaisseurs assuraient même qu'avant peu elle pourrait égaler la célèbre Sallé et faire revivre cette incomparable danseuse.

La liaison de Mlle Vestris avec Lany n'eut pas plus d'importance qu'une passade, c'était en quelque sorte un droit de jambage que le maître des ballets exigeait des danseuses en quête d'avancement. Thérèse jeta alors son dévolu sur M. de Curis, l'ami de ses escapades du temps d'Esterhazy. C'était bien l'homme détaché des passions, un peu cynique même, qu'il lui fallait.

Intendant général des armées, puis intendant des Menus, Bay de Curis, jouisseur sans conduite, dissipateur parfait, farceur pince-sans-

rire, mystificateur à froid, était le chef d'une
bande de joyeux soupeurs et son esprit le faisait
rechercher par la plus haute société. Louis XV
l'admettait familièrement dans ses petits soupers,
et il était assuré de la faveur de Mme de Pompadour. Après s'être enrichi dans les vivres, il dé-
pensait sans compter pour ses plaisirs et cherchait toujours à se procurer « les coquines les
plus chères ¹ » sans aucun souci de leur fidélité ;
tour à tour payant largement ou bénéficiant
des caprices que sa finesse et son espièglerie
provoquaient, toujours bien accueilli, il acceptait
toutes les caresses, intéressées ou spontanées,
en sybarite voluptueux. Cette vie d'abandon
tenait moins à son caractère qu'à un symptôme
de fatalité absolue qu'il s'était .... dans la tête
et qu'un hasard heureux était venu fortifier.

« Voyageant en chaise de poste sur les Sables-
d'Olonne et s'étant endormi profondément, il
rêva que sa voiture se précipitait dans l'abîme.
L'effroi le réveilla en sursaut, il saute à terre
et à peine y est-il que sa voiture tombe en effet
dans la mer. Quelques petits événements, sans
doute fort naturels et auxquels tout autre n'aurait pas pris garde, l'ayant encore confirmé
dans ce faux système, il s'était persuadé que

---

1. Bibliothèque nationale. *Manuscrits français. Nouvelles
acquisitions*, 1874, f. 148. (Ch. Nic. Cochin. *Anecdotes sur le
comte de Caylus.*)

quelques dépenses qu'il fît, il serait toujours riche s'il était destiné à la fortune ; comme il serait nécessairement dans la détresse avec tout l'ordre et l'économie possible si tel devait être son sort. Vivement frappé de cette idée il se livrait à toutes les jouissances de la vie, sans aucune prévoyance contre l'avenir sur lequel il ne se donnait même pas la peine de réfléchir [1]. »

Quand M. de Curis prit à ses gages Mlle Vestris, scellant le marché de cinquante louis comptant, il venait déjà de meubler Mlle Brillant, actrice de la Comédie-Française qui remontait sa maison. Elle s'efforçait de réparer après une fugue qu'elle avait faite à l'armée dans la troupe des comédiens de M. le maréchal de Lowendahl pour suivre le sieur Bureau, un petit hautbois de l'Opéra-Comique qu'elle épousa dans ce voyage. Après la paix elle s'était engagée à Lyon sous la direction de Monnet, puis après un séjour en Angleterre, elle venait d'entrer à la Comédie-Française et son mari avait obtenu un poste dans l'orchestre de l'Opéra [2].

En dehors de M. de Curis, Thérèse voyait tou-

---

1. Dugast de Bois-Saint-Just. *Paris, Versailles et les provinces*, 1823, in-8, t. II, p. 119.

2. Arsenal. *Archives de la Bastille*, 10235 (*Dossier Brillant*). M. de Curis avait été aussi en 1750 l'amant de Mlles Verrière cadette et La Chanterie (*Id.*, 10238, f° 772).

jours Jeliotte et recevait chez elle une société choisie « dont elle retirait d'assez bonnes rétributions ».

C'était M. de Saint-Florentin, ministre de la maison du roi, « le courtisan le plus assidu, ayant une femme isolée et particulière. Il soupait tous les soirs avec sa maîtresse, Mᵐᵉ Sabatin qui devint plus tard marquise de Langeac. Invisible pour tout le monde après neuf heures, il vivait dans les plaisirs avec cinq ou six personnes de peu[1]. » Le ministre trompait la brune Sabatin pour la blonde Vestris et montait cette dernière en argenterie.

C'était M. Le Normant d'Étiolles, fermier général, mari de la Pompadour, qui se consolait de son royal cocuage en courant les maisons hospitalières et les coulisses attrayantes. Il quittait les bras de la tendre Gaussin, actrice de la Comédie-Française, pour ceux de la jolie La Neuville, chanteuse au magasin de l'Opéra, et ceux non moins charmants de Thérèse. Il venait souvent chez la belle Italienne, quelquefois même il s'y rendait incognito, sous un déguisement, ce qui occasionna un soir une scène assez singulière :

Mˡˡᵉ Vestris soupoit chez M. de Curis et avoit

1. Dufort de Cheverny. *Mémoires*, 1836, nº 8, tome I, p. 67.

donné rendez-vous à M. d'Étiolles pour l'attendre
chez elle, il tarda un peu et tout le monde étoit couché. Il frappa beaucoup avant qu'on lui ouvrît. La cuisinière qui n'étoit point prévenue fit des difficultés
pour ouvrir. M. d'Étiolles se nomma et la porte lui
fut ouverte et aussitôt fermée; ne reconnaissant pas
M. d'Étiolles enveloppé dans une redingotte et une
perruque [elle] luy dit que s'il ne s'en alloit point,
elle lui donneroit des coups de bâton. Mlle Vestris
ayant entendu du bruit demanda ce que c'étoit. La
cuisinière lui dit que c'étoit un savoyard qui deman-
doit à lui parler [1].

Thérèse reconnaissant son fermier général,
s'esclaffa de la méprise, et lui fit bientôt oublier
ce désagréable accueil.

M. Le Normant était d'une rare délicatesse
dans ses relations amoureuses; on raconte
qu'après une nuit passée avec la demoiselle Fauconnier l'aînée, ayant aperçu une bourse vide
sur la cheminée de la jolie pécheresse, il y mit
discrètement cinquante louis [2]. A Thérèse il fit
un « présent fort honnête de diamants [3] ».

Un accident de cheval où il fut gratifié de
quelques coups de pied interrompit un moment
les rapports de M. d'Étiolles avec Thérèse qui
reprirent de plus belle après sa guérison.

1. ARSENAL. *Archives de la Bastille,* 10236, f°s 387 v°, 495 v°
et 10237 (*Dossier Vestris*).

2. ARSENAL. *Archives de la Bastille,* 10238, f° 359.

3. ARSENAL. *Archives de la Bastille,* 10237 (*Dossier Vestris*).

C'était M. de Vandières, le futur marquis de Marigny, frère de M⁽ᵐᵉ⁾ de Pompadour, maître d'hôtel du roi, dont il avait acheté la charge en 1749 à M. de Livry [1], et directeur en survivance des bâtiments du roi [2].

Bien d'autres adorateurs, que nous rencontrerons plus loin, étaient encore agréés par l'infatigable Thérèse. « Quant à M. de Curis, dit Meusnier, c'est l'homme du monde le moins susceptible de cette intense maladie qu'on nomme jalousie. Il entend parfaitement sur ce chapitre la plaisanterie, et fournit aux appointemens à l'ordinaire, en sorte que la demoiselle Vestris peut être considérée comme une des filles de Paris qui tire le meilleur parti de ses charmes et qui sache en faire le meilleur usage, car elle est économe sans être avare, magnifique sans être prodigue [3]. »

La sœur de Thérèse, Violante Vestris, qui chantait aux Concerts de la Reine et aux Concerts spirituels tandis que son frère y jouait de la flûte [4], cherchait aussi à s'assurer le concours de bienfaiteurs à la dépense facile. Elle avait bien M. Begon, receveur général des finances

---

1. ARSENAL. *Archives de la Bastille*, 10249, fᵒ 704.
2. ARSENAL. *Archives de la Bastille*, 10238, fᵒ 579.
3. ARSENAL. *Archives de la Bastille*, 10237 (*Dossier Vestris*).
4. *Le Mercure de France*, octobre 1752, p. 181.

de Montauban, mais elle voulait mieux. En attendant elle tenait compagnie à Thérèse dans ses équipées. Elle allait se divertir chez M. de Vandières, aux Tuileries, où l'on festoyait sans retenue si l'on en croit la note suivante :

1er *octobre* 1752. — Un souper chez M. de Vandières, aux Tuileries, où étoient la demoiselle Launay-Livry, les deux demoiselles Vestris et une dame La Hode, complaisante de la Delaunay, avec MM. de Vandières, Curis, Begon et le marquis de Livry. On a rapporté que ce dernier reçut de la demoiselle Delaunay, qui étoit dans les vignes ainsi que lui, une poignée de fromage glacé par le visage, pour s'être pris de belles paroles avec elle et lui auroit rappelé quelques anecdotes de l'ancien tems [1].

Le marquis de Livry et Mlle Delaunay dont il est question ici vivaient presque en ménage. La demoiselle approchait de la quarantaine : de grande taille, bien faite, le visage rond extrèmement marqué de la petite vérole, les yeux petits et vifs, les cheveux châtains ; en général point jolie, mais ce défaut était réparé par beaucoup d'esprit que « l'usage du monde » lui avait acquis ; on a pu voir par son geste dépourvu d'esthétique comment elle se comportait en

---

1. ARSENAL. *Archives de la Bastille*, 10239, f° 729 v°.

société et l'histoire reste muette sur ses bonnes façons dans un autre monde [1].

Cependant que Violante faisait alterner ces bombances avec les airs pieux des édifiants *oratorios* sacrés qu'elle chantait devant la Cour, elle eut la bonne fortune, dans ses représentations à Fontainebleau, de faire de fructueuses passades avec le comte de Kaunitz, ambassadeur d'Autriche. Homme bizarre, il étonna Paris pendant sa mission qui dura de 1751 à 1753. Grand, vigoureux, élancé malgré ses quarante ans, de figure distinguée encadrée d'une frisure naissante dont les boucles de cheveux tombaient sur ses épaules pour finir par deux cadenettes de Cour, il avait un goût extraordinaire pour la parure. Son habit superbe, entremêlé d'une broderie semée de diamants, émerveillait tous les badauds qui accouraient pour le voir. Bien que visant à l'élégance, Kaunitz manquait de grâce dans la tournure ; ses manières étaient raides et compassées; un pied énorme venait encore alourdir cet ensemble désavantageux. Avec un sans-gêne merveilleux il ne dissimulait aucune de ses manies ; même aux audiences du Roi, il se mouchait tenant son mouchoir à deux mains qu'il appuyait à plat de chaque côté de son nez avec une gravité et une recherche que remar-

---

1. ARSENAL. *Archives de la Bastille*, 10239, f° 700.

quaient les vieux courtisans. Après ses repas
il tirait de sa poche son « purificatoire de la
bouche » qui se composait de menus outils, de
serviettes minuscules et avec un aplomb superbe, devant tout le monde, il procédait pendant un quart d'heure au nettoyage de ses dents
qu'il inspectait en tous sens.

Durant son ambassade, il vécut en dehors du
grand monde, répondant à ceux qui s'en éton-
naient :

Je suis ici pour deux choses, d'abord pour les
affaires de l'Impératrice et je les mène bien ; puis
pour mon plaisir et ce point ne regarde que moi... [1].

De fait il menait avec les belles filles de Paris une agréable vie. Il goûta d'abord les caresses de Mlle Leclerc ; puis chez M. de La Poupli-
nière, la demoiselle Duval, dite la Constitution,
se disputait ses faveurs avec une de ses nièces
qu'il lorgnait ; enfin un petit accident qu'on
nommait alors une galanterie, hommage d'une
Vénitienne, Mme de Preaty, le mit quelque
temps à la tisane. Guéri de cette blessure, le
comte passa ensuite chez Mlle Clairon qu'il
venait voir tous les jours en grand équipage,
précédé de deux coureurs.

1. COMTE DE VILLERMONT. *Marie-Thérèse*,1895, in-8. CHEVERNY. *Mémoires*, 1886, in-8, tome I, pp. 79, 109.

Après la tragédienne, ce fut une danseuse, Mlle Puvigné, et à Fontainebleau, en novembre 1752, M. de Kaunitz voulut tâter de Violante Vestris qu'il paya largement [1].

Concurremment avec l'ambassadeur, Violante recevait aussi avec profit Marie-Charles-Louis d'Albert, duc de Luynes et de Chevreuse, prince de Neufchâtel et de Wallengrin, alors lieutenant général des armées du roi [2], et réservait encore quelques couchers aux marquis de Montmorin et de Souvré.

Montmorin de Saint-Hérem, gouverneur de Fontainebleau, aimait les femmes et surtout les filles, le nombre lui importait plus que la qualité, et il passait pour être fort peu délicat sur le choix de ses maîtresses. S'il avait parfois de jolies danseuses, comme Mlle Maupin, de l'Opéra-Comique [3], il se fournissait de préférence chez la Baudoin, proxénète de la rue Saint-Thomas-du-Louvre, chez qui il trouvait toujours de complaisantes drôlesses. Aussi ne fit-il que

---

1. ARSENAL. *Archives de la Bastille*, 10235, f° 354 ; 10237, f° 275 ; 10239, f°s 454, 449 v°, 607.

2. Le duc de Chevreuse, né le 24 avril 1717, d'abord capitai. ᵗ dans le régiment de Luynes-Cavalerie, le 12 mars 1732 ; fut mestre de camp le 6 juillet de cette même année ; mestre de camp général des dragons le 9 juin 1736 ; maréchal de camp le 20 février 1743 ; lieutenant général, 1er janvier 1748 ; colonel général des dragons, 20 janvier 1754 ; et gouverneur de Paris le 22 septembre 1757. (LACHESNAYE-DESBOIS)

3. ARSENAL. *Archives de la Bastille*, 10237, f° 151.

quelques visites à Mlle Vestris ; il retourna bientôt chez sa pourvoyeuse habituelle. Mal lui en prit d'abandonner la belle Violante. Une série de déboires l'attendait dans son remplacement. La demoiselle Rozière, qu'il voulut prendre, n'était pas en parfaite santé et il dut abandonner l'espoir de la posséder [1]. La demoiselle Staimberg qu'il convoitait s'enivra à tel point vers la fin du repas préliminaire offert par le marquis, que les propos indécents de la nymphe avinée l'en dégoûtèrent à jamais [2]; enfin il échut en décembre 1752 à Mlle Saint-Cyr, pour lors affligée d'une cuisante galanterie ; cela n'arrêta pas le marquis, dédaigneux de cette « vétille [3]».

Le marquis de Souvré, non moins flottant dans ses amours que M. de Montmorin, séjourna peu de temps dans les draps de Violante. Ce ne fut pour ainsi dire qu'une toquade d'amateur.

En 1752 M. de Souvré avait la charge de maître de la garde-robe du Roi, et s'était fait une réputation pour ses bons mots. On raconte qu'à la mort du cardinal Fleury, en ouvrant les rideaux de la chambre royale, ainsi que sa fonction l'exigeait, il annonça la nouvelle à Louis XV en disant : « Sire, le cardinal est mort. Qui donc nous gouvernera ac-

1-2. G. Capon. *Les Maisons closes au XVIIIe siècle*, 1903, in-8, p. 105-107.

3. Arsenal. *Archives de la Bastille*, 10239, f° 563.

tuellement ? [1] » Une autre fois, le Roi lui demandant avec qui il avait soupé un certain jour
qu'il désigna : « Sire, lui répondit-il, j'étais avec
trois putains » ; il lui en nomma d'abord deux,
quant à la troisième il avoua carrément que
c'était sa femme. Il paraît effectivement que le
tempérament de Félicité de Sailly, son épouse,
la portait jusqu'à recevoir l'hommage de Lebrun,
son premier laquais, et aussi de son cocher,
deux beaux et solides gaillards [2] . Une telle
ardeur aurait dû retenir le marquis ; il n'en
fut rien, il préféra courir le guilledou et se lier
avec une sauteuse de l'Opéra, Mlle Hernie, que
la nature avait généreusement pourvue d'une
triple proéminence mammaire, et cette étrange
anomalie l'avait fait surnommer Marie-Trois-
Tétons. Au reste, bien conformée, elle bénéfi-
ciait de la curiosité qu'offrait son étonnante
poitrine. M. de Souvré se prit de belle passion
pour ce phénomène, au point d'en devenir si
jaloux que, pour la soustraire à toutes les occasions « de pécher », il lui fit quitter l'Opéra et
la tint comme une recluse pendant dix-huit

---

1. CHEVERNY. *Mémoires*, 1886, n. 8, tome I, p. 182.

2. ARSENAL. *Archives de la Bastille*, 10241, f° 72 v°. M. de
Souvré se maria trois fois. La première fois en 1723, à Fran-
çoise-Gabrielle de Brancas-Céreste ; la deuxième, en 1725, à
Jeanne-Françoise Dauvet des Marets ; la troisième, en 1738,
à Félicité de Sailly.

mois [1]. Dans le commencement d'octobre 1752, le marquis semble se relâcher de sa rigueur. On le voit avec sa maîtresse assister aux soupers que donne Mlle Clairon, y boire à son ordinaire, « c'est-à-dire beaucoup, et s'en retourner coucher avec Mlle Hernie[2] ». Peu après, M. de Souvré s'offre quelques fugues avec Violante, mais cette dernière n'eut pas le don de le retenir; sans doute qu'elle n'avait pas la rotondité que le marquis paraît aimer chez les femmes; en 1753, il revient à Mlle Hernie, « un peu matérielle » et, l'année suivante il prodiguera ses bontés à Mlle Lheritier, « brune, camuse, avec un peu trop d'embonpoint [3] ».

Violante Vestris n'avait pas la science de sa sœur Thérèse pour s'attacher les hommes qui passaient dans son alcôve. Sauf M. Begon, elle n'eut pas d'amours durables. Au retour de Fontainebleau elle quitta Paris, emmenant sa femme de chambre, pour se rendre en Angleterre [4].

Les uns prétendent qu'elle y suivit un seigneur anglais qui lui aurait fait un billet de 12.000 livres sous la condition qu'elle resterait avec lui pendant quatre mois, d'autres disent

1. ARSENAL. *Archives de la Bastille*, 10236 (*Dossier Hernie*).
2. ARSENAL. *Archives de la Bastille*, 10235 f° 360.
3. ARSENAL. *Archives de la Bastille*, 10237 f° 75 v°.
4. ARSENAL. *Archives de la Bastille*, 10237 (*Dossier Vestris*).

qu'elle voulait entrer à l'Opéra de Londres, laissant là M. Begon qui tourna ses vues sur la brune Fauconnier, l'aînée [1].

Le départ de Violante eut lieu dans les premiers jours de décembre 1752 et Thérèse continua seule sa vie de dévergondage et de ripaille. S'amusant des complications que nécessitait la quantité de ses amants, elle se plaisait à les faire jouer entre eux à cligne-musette et ils s'y prêtaient aveuglément.

M. de Vandières, dit Buhot à la date du 29 décembre 1752, s'est trouvé à souper dernièrement chez elle avec M. le comte de Saint-Florentin, M. d'Étiolles et M. de Curys ; ce dernier est toujours dans le monde sur le compte de la sus dite demoiselle quoiqu'il ne soit reçu à présent que comme ami de la maison. Pour couvrir cet attachement on a soin de faire entrer mystérieusement M. de Vandières quand il s'y présente. Il fait présentement tous les frais de la maison qui sont considérables. Il a fait dernièrement présent à Mlle Vestris d'un fort beau service d'argenterie, et c'est de la part de M. de Curys qu'on l'a envoyé chez la demoiselle [2].

Thérèse s'entendait à merveille pour tous ces petits arrangements et quand Jeliotte déserta la danseuse, pour une petite actrice réci-

1. ARSENAL. *Archives de la Bastille*, 10238, f°s 353,360.
2. ARSENAL. *Archives de la Bastille*, 10237, *Dossier Vestris*.

tante de l'Opéra, Mlle Dubois [1], cette perte lui fut à peine sensible [2].

On a remarqué, dit encore Buhot, le 13 avril 1753, il y a environ trois semaines ou un mois, qu'il venoit régulièrement, deux ou trois fois par semaine, chez Mlle Vestris un monsieur dans une chaise à porteurs à minuit ou une heure, que cette même personne y passe le reste de la nuit ; qu'il étoit vêtu d'un bergopzom bleu et accompagné d'un laquais en redingote. Que lorsqu'il étoit arrivé, les porteurs laissoient la chaise dans la cour et revenoient prendre le monsieur à l'heure qu'il leur avoit indiqué. Quelquefois aussi il se faisoit descendre au coin de la rue de Richelieu et entroit dans la maison seul.

A quel personnage Thérèse ouvrait-elle aussi mystérieusement sa maison ? Le policier lui-même l'ignore ; il constate seulement :

Dans toutes les parties que fait présentement la demoiselle Vestris, son domestique ne la sert plus à table, il la conduit où elle va et la reconduit chez elle. Elle est pour le présent plus sur la méfiance que jamais, tout le monde lui est suspect et sa maison est impénétrable [2].

Toutefois une petite note nous fait supposer

1. ARSENAL. *Archives de la Bastille*, 10236, f° 197.
2. ARSENAL. *Archives de la Bastille*, 10237. *Dossier Vestris.*

que l'homme aux entrevues secrètes ne serait autre que le duc d'Orléans.

En effet, il est dit au commencement de ce même rapport de Buhot que le marquis de Ségur « a arrangé une partie que la demoiselle a faite la semaine passée avec M. le duc d'Orléans dans la petite maison que ce prince a loué rue Cadet ».

Or les visites nocturnes que recevait Thérèse avaient lieu quinze jours auparavant ; il est donc admissible que le prince, pour se cacher de la Deschamps, sa maîtresse du moment[1], ait commencé à tâter prudemment de Thérèse, quitte après cela, s'il s'en trouvait bien, de l'afficher. Et si nous ne la voyons pas figurer sur les scènes clandestines où le Prince se plaisait à donner des représentations légères, soit rue Cadet, soit faubourg Saint-Martin, soit dans son château de Bagnolet[2], nous trouvons trace du passage de Mlle Vestris à la Cour du duc d'Orléans. Ces vers ne laissent subsister aucun doute :

> Venez voir votre souveraine,
> Carton, Sauvage, Fretillon [3],
> Une Laïs ultramontaine [4]
> Vous force à baisser pavillon ;

1.G. Capon et Yve-Plessis *Fille d'Opéra, vendeuse d'amour. Histoire de Mlle Deschamps*, 1905, in-8.

2.G. Capon et Yve-Plessis. *Les théâtres clandestins*, 1904, in-8.

3.Les deux premières danseuses à l'Opéra ; quant à Fretillon on sait que ce nom était donné à Mlle Clairon.

4.En note : « Mlle Vestris...renommée pour ses lubricités. »

A cette héroïne moderne
Le vainqueur de l'hydre de Lerne
De la force eût cédé le prix.
Sous sept têtes, Hercule sue ;
Vestris sans flèche ni massue
A Bagnolet en abat dix [1].

Pourtant malgré cet amant de sang royal,
Thérèse continuait à « donner du corps » ; la
même feuille de police rédigée par Buhot em-
barrassé devient précise sur ce point en men-
tionnant :

On a remarqué que les personnes qui vont le
plus fréquemment chez la demoiselle Vestris sont :
M. de Curis, M. le comte de Saint-Florentin, M. le
duc de Luxembourg, M. le duc des Deux-Ponts, le
marquis de Ségur, M. d'Étiolles, M. Coquelen et
Robinson anglois. Il y a quelque temps qu'on n'y a
vu M. de Vandières.

En peu de temps le nombre des agréés avait
doublé et les nouveaux venus méritent d'être
présentés. Charles-Anne de Montmorency-
Luxembourg, qui délaissa d'abord sa femme
pour Mlle Clairon [2], prenait souvent le chemin
qui conduisait chez Thérèse et cherchait à supplanter ses rivaux.

1. OCTAVE UZANNE. *Les mœurs secrètes du XVIIIᵉ siècle*,
1883, in-8.
2. ARSENAL. *Archives de la Bastille*, 10235, fᵒ 342.

Chrétien II, souverain des Deux-Ponts, bien que susceptible d'attachement, était resté trois ans avec une postulante à la Comédie, Mlle Martin [1], et nourrissait à l'égard de Mlle Gamaces cadette des sentiments durables, puisqu'il devait l'épouser plus tard en lui concédant le titre de comtesse de Forbach [2]. Il n'en était pas moins sensible aux beautés qu'il coudoyait et se laissait facilement tenter, surtout à cette époque où il semble vouloir les essayer toutes, grâce à la dame Pitrot, femme d'un danseur de talent de l'Opéra, alors en Prusse. Elle se faisait la pourvoyeuse de ses plaisirs ; par ses soins, il posséda tour à tour : Caroline Veronèze, actrice de la Comédie Italienne, entretenue par le prince de Monaco [3]; Mlle Astraudi, comédienne au même théâtre, maîtresse du comte d'Egmont [4] ; enfin en avril 1753 il se faufile dans la société de Mlle Vestris.

Philippe-Henri, marquis de Ségur, quoique de moindre importance que les précédents, avait pour le faire reluire la fortune de sa femme, riche créole de Saint-Domingue.

1. ARSENAL. *Archives de la Bastille,* 10237, f° 133.
2. ARSENAL. *Archives de la Bastille,* 10240, f° 288. (Il eut de cette union morganatique, deux fils : le chevalier Guillaume des Deux-Ponts, comte de Forbach, et le marquis des Deux-Ponts. (CHEVERNY. *Mémoires.*)
3. ARSENAL. *Archives de la Bastille,* 10235, f° 476.
4. ARSENAL. *Archives de la Bastille,* 10235, f° 69.

Quant aux deux insulaires, nous savons que l'un, Robinson, homme d'environ quarante ans, était « fort riche et encore plus laid de figure » ; qu'il venait de quitter une demoiselle Duchesnois à qui il donnait six cents livres par mois [1].

L'autre, Coquelen, va prendre à ses frais Mlle Vestris. Mais auparavant Thérèse renouera avec M. de Vandières, plus amoureux que jamais, et cette réconciliation n'empêchera pas la danseuse de faire raison au petit Laborde, fils du fermier général [2], jeune homme de vingt-quatre ans, un peu timbré, dit-on, ayant grand équipage [3] et qui donna cent louis à Thérèse pour une nuitée.

Elle aura aussi Louis-Auguste de Rohan-Chabot, maréchal de camp des armées du Roi ; tandis que parmi ses fidèles, M. le Normant d'Étiolles ira porter ses hommages à la demoiselle Plée de Varennes [4] qu'il trompera avec la demoiselle Villeneuve, dite la Jacobine (à cause qu'elle fut surprise avec Mlle Dumesnil, toutes deux couchées entre deux moines [5]), et que M. de Curis papillonnera, selon sa coutume, avec Mlle Hunot [6].

---

1. ARSENAL. *Archives de la Bastille*, 10240, f° 13 v°.
2. ARSENAL. *Archives de la Bastille*, 11846, f° 437.
3 ARSENAL. *Archives de la Bastille*, 10238, f° 38 v°.
4. ARSENAL. *Archives de la Bastille*, 10242, f° 330-334.
5. ARSENAL. *Archives de la Bastille*, 10238, f° 582.
6. ARSENAL. *Archives de la Bastille*, 10241, f°° 94,96.

Thérèse admirable courtisane, vénale, égoïste, ne recherchait dans ses liaisons que le plaisir des sens ou l'appât du gain. Le cœur n'entra jamais dans ses intrigues ; elle ne ressentit jamais ce que la plus basse des rouleuses se plaît à évoquer pour se justifier : l'amour. Incapable d'attachement, elle n'eut ni un amant de cœur, ni un amant qu'elle aimât. Dédaigneuse et indifférente à tout ce qui n'était pas bénéfice, débauche ou apparat, elle n'éprouva nulle tendresse pour aucun de ses adorateurs, et le seul sentiment qu'on peut lui découvrir, la seule affection dont elle s'est montrée capable est l'attachement qu'elle montra constamment pour sa famille. Hors de là, le reste du monde ne lui était bon que pour la jouissance et le bien-être. Un événement allait dévoiler le fond de cette âme personnelle. Le 16 octobre 1753, le vicomte de Rohan-Chabot, qui l'adorait, mourut de la petite vérole. Quelques jours après, le policier Meusnier note :

30 *octobre* 1753. — La demoiselle Vestris l'aînée, danseuse à l'Opéra, doit y paraître au premier jour, avec un chapeau de bergère garni de diamants d'un prix considérable et l'on tient que c'est un cadeau que lui fait M. de Curis qui est toujours le *Monsieur*. M. de Vandières continue d'y venir et de lui faire quelques présens, ainsi que M. le duc de Luxembourg ; l'on assure encore que le prince de Soubise a voulu

faire le cinquième, car elle avoit aussi le vicomte de Rohan-Chabot, maréchal des camps, mort depuis quelques jours de la petite vérole, âgé seulement de trente-un ans. Ce dernier l'aimoit et lui donnoit beaucoup, on veut même (comme il a eu le tems de tester) qu'il lui ait légué quelque chose ; néanmoins il fut remarqué que la demoiselle Vestris parut ce jour-là sur le théâtre, plus gaie qu'à son ordinaire, ce qui fit dire hautement au marquis d'Estrehans, ami du défunt : — Faites du bien à ces gueuses-là, voilà la reconnaissance qu'elles en ont [1] !

Un reste de pudeur lui fit comprendre toute l'inconvenance de sa conduite, aussi ne mit-elle pas le fameux chapeau pour le voyage de Fontainebleau où les comédiens suivaient la Cour. Au retour de ces représentations d'automne, c'est M. de Luxembourg qui subvient aux plus gros frais de Thérèse « et l'on prétend que M. de Curis n'est que le greluchon. Quoi qu'il en soit du rang et de la préséance, elle gagne beaucoup et il y a peu de ses compagnes aussi brillantes qu'elle et qui doivent si peu. »

Toutefois au train que menait Mlle Vestris il était extraordinaire qu'elle eût jusqu'alors échappé à un de ces petits inconvénients qui sont monnaie courante dans le métier ; une telle chance ne pouvait durer indéfiniment et la

1. ARSENAL. *Archives de la Bastille*, 10237. *Dossier Vestris.*

chose est ébruitée, même consignée par le minu-
tieux Meusnier.

17 *janvier* 1754. — Le bruit commun de la ville et
de l'Opéra est que M. le duc de Luxembourg vient
de quitter la demoiselle Vestris et qu'elle lui a donné
la chaudep...

On ignore si le même motif fait aussi agir M. de
andières, mais l'on assure qu'il ne ya plus chez elle.

A cette occasion on disait vendredi dernier, en
montrant Mlle Vestris au doigt : — Il faut convenir
que cette actrice est bien parée et bien propre par
dessus. C'est sûrement dommage qu'il n'en soit pas
de même en dessous [1].

Comme les théâtres, pendant le Carême, Thérèse dut faire relâche.

---

1. ARSENAL. *Archives de la Bastille*, 10237. *Dossier Vestris.*

CHAPITRE V

EXIL DES VESTRIS

Jalousie de danseuses. — Vestris tire l'épée. — La garde
de l'Opéra. — Arrestation de Gaétan. — Au For-l'É-
vêque. — Potins. — Soumission de Gaétan. — Thérèse
mortifiée. — Les Vestris demandent leur congé. —
Mauvaise combinaison. — Coquelen, anglais. —
Mlle Montfort. — Fréquentations de Thérèse. — Rôles des Vestris dans les ballets de la Cour. — Leurs
costumes. — Milord Powerscourt, dit Trousse-cotte.
— Flagrant délit. — Les Vestris s'exilent.

Ainsi, en quelques années, les Vestris, habiles à se mettre en relief, avaient escaladé les
échelons qui conduisent à la célébrité. Réputation d'artiste, fleurons de galanterie, sans doute,
mais ces lauriers étaient de bon rapport et leur
fatuité insupportable ne faisait que croître. Non
contents des avantages de leur situation acquise
au théâtre, ils voulurent encore être les premiers.
Thérèse jalousait Mlle Puvigné, Gaétan cherchait
à supplanter Lany.

4

Une première fois, en janvier 1754, Mlle Vestris, piquée de la préférence donnée à sa rivale dans le ballet de *Castor et Pollux*, refusait de danser et déclarait hautement qu'elle allait quitter Paris pour passer à Londres où on lui faisait « un pont d'or ». L'impression de cette vantardise nous est conservée par Meusnier :

Quelques-uns pensent, dit-il, que si elle parle sérieusement et si elle ne jette pas ce propos au hasard pour se faire valoir, que M. le duc de Gesvres qui a, dit-on, pris tous les Vestris en grippe, pourra bien ne pas exiger qu'elle finisse ses six mois, ainsi qu'il est de règle [1].

Certainement M. de Gesvres, ni les directeurs de l'Opéra ne tenaient à favoriser les Italiens à cause de leur outrecuidance, et victimes de leurs forfanteries ces derniers s'en prenaient à leurs camarades. Tous les jours la haine de Thérèse pour Mlle Puvigné trouvait quelque prétexte pour se manifester et, comme Lany en sa qualité de maître des ballets se voyait obligé d'intervenir, Vestris se mettait de la partie en prenant fait et cause pour sa sœur. C'étaient des querelles sans fin jusqu'à ce qu'éclate le gros scandale, inévitable dénouement de ces perpétuelles zizanies.

---

1. ARSENAL. *Archives de la Bastille*, 10237. *Dossier Vestris*.

C'est que Mlle Puvigné, qui avait dix ans de présence au théâtre (elle avait débuté en 1743) connaissait toutes les ressources du tripot. Elle se défendait de Thérèse aussi bien sur les planches de la scène, que sur le tapis du foyer ; elle partageait ses aubaines amoureuses, notamment avec le duc de Luxembourg et le prince de Soubise [1], et elle s'obstinait à barrer le chemin à la belle Italienne.

Le 4 février 1754, au cours d'une répétition, elles eurent ensemble un démêlé fort vif. Mlle Vestris comptait figurer dans un pas de deux avec son frère dans *I viaggiatori* [2], intermède des *Bouffons*, ainsi dénommait-on des pièces italiennes jouées après le grand spectacle d'opéra [3]. Thérèse pour cette circonstance se réjouissait à l'idée d'étrenner un costume superbe, « mais, dit Meusnier, comme il règne aussi une espèce de jalousie contre ces Italiens, les directeurs de l'Opéra qui ne veulent pas non plus qu'ils brillent trop, ont changé cette première disposition, en sorte que la demoiselle Vestris sans savoir pourquoi

---

1. ARSENAL. *Archives de la Bastille*, 10237. *Dossier Puvigné*.

2. *Les Voyageurs*. Représenté le 12 février 1754.

3. Ce genre avait été inauguré le 1er août 1752. Après la représentation d'*Acis et Galatée* des musiciens italiens jouèrent la *Serva Padrona*. Cette nouveauté attira tout Paris. Ces musiciens, surnommés les *Bouffons*, donnèrent plusieurs autres pièces jusqu'à leur départ (7 mars 1754). DURÉY DE NOINVILLE. *Hist. de l'Académie royale de musique*, 1757, in-8.)

en attribue directement la cause à Mlle Puvigné, parce que celle-ci brille dans *Castor et Pollux*, où elle a refusé de danser et à cause de cela elle n'échappe aucune occasion de marquer sa mauvaise humeur. »

Ce n'était là qu'une escarmouche. A la répétition suivante, le 11 février, une vive altercation eut lieu entre Vestris et Lany ; « le sieur Vestris aîné tira l'épée sur le théâtre contre Lany, qui par prudence ou autrement ne jugea pas à propos de se mettre seulement en défense. On ne sait encore ce qui résultera de cette aventure pour le sieur Vestris. On l'accuse hautement dans le tripot de coucher avec sa sœur [1]. »

Malheureusement pour Gaétan, il y avait à l'Opéra une garde continuelle, composée de seize hommes des gardes de la ville, commandée par un sergent, qui était relevée pendant les représentations par quarante hommes du régiment des gardes-françaises. Le geste héroïque du danseur italien fut l'objet d'un rapport et le dimanche 17, comme Vestris entrait au théâtre, Desbrousses, sergent-major des gardes-françaises, muni d'un ordre du roi, l'arrêtait et le mettait entre les mains de Degland, aide-major de la ville, qui le conduisit sans autre formalité au For-l'Évèque [2].

1. ARSENAL. *Archives de la Bastille*, 10237, *Dossier Vestris.*
2. ARSENAL. *Archives de la Bastille*, 11880. *Dossier Vestris.*

La prison dans laquelle était enfermé Gaétan, sise rue Saint-Germain-l'Auxerrois, n'avait rien de redoutable pour les prisonniers fortunés. Vestris ne gémissait pas sur une paille humide. Prenant rapidement son parti de l'aventure il fit en sorte de passer son séjour au For-l'Évêque le plus agréablement et le plus confortablement possible.

Quoi qu'il en soit, dit Meusnier, il n'en prend pas beaucoup de souci. Il se divertit comme un prince au For-l'Évêque. Il a toujours nombreuse compagnie. Hier il donna un dîner qui lui coûta plus de quarante écus, et il occupe la salle du Conseil à raison d'une pistole par jour. Sa sœur le va voir tous les jours, le jeune de Montmorency a aussi été lui rendre visite [1].

Tandis que Vestris se réjouissait de la sorte on potinait ferme sur son compte. On disait :

Que tous les Vestris avoient ordre de sortir du royaume dès que le terme que l'on a mis à la détention de celui qui est au For-l'Évêque seroit expiré et que Pitrot actuellement en Prusse, pour lequel M. le duc d'Orléans s'intéresse vivement, remplacerait Vestris...

1. ARSENAL. *Archives de la Bastille*, 10237. *Dossier Vestris.*

Trois jours après une autre nouvelle circulait :

On apprend dans le moment que le sieur Vestris
vient d'écrire une lettre remplie de soumission à
M. le Prévost des marchands; l'on infère de là que la
demoiselle Vestris a mis de l'eau dans son vin et
qu'elle reparaîtra au premier jour sur le théâtre,
peut-être aussi son frère.

Effectivement Thérèse dansa le 13 mars dans
Titon et l'Aurore pour la série des représentations au profit de la capitation [1]. C'était la première fois qu'elle paraissait en public depuis la
dispute de son frère avec Lany. Elle était pour
cette occasion « extrèmement parée, resplen-
dissante de diamans » et vêtue d'un habit « fort
galant ». Elle eut un gros succès. Cabale ? peut-
être, car on prétend « qu'elle dansa fort mal,
néanmoins elle fut fort applaudie ». Toutefois
son triomphe n'alla pas sans nuages. Ayant rencontré dans les coulisses MM. de Luxembourg
et de Soubise, ses amants de naguère, elle leur
fit de profondes révérences qui ne réussirent
pas à la faire rentrer en grâce auprès de ces
seigneurs ; le peu d'attention qu'ils portèrent à
ses sourires mortifia beaucoup Thérèse.

L'étoile des Vestris pâlissait visiblement ; ils

1. L'Opéra donnait annuellement trois représentations dites
de capitation dont la recette était au profit des acteurs.

eurent l'adresse de ne pas insister et pour faire diversion, pour laisser passer l'orage qu'ils sentaient prêt d'éclater, ils résolurent de mettre à profit les engagements superbes que leur offraient les Cours étrangères. Thérèse et Angiolo demandèrent leur congé absolu que M. le duc de Gesvres, dans un moment de vivacité, voyant l'occasion de se débarrasser de ces Italiens encombrants, leur accorda de suite en les dispensant d'abord de faire les six mois réglementaires. Mais il se ravisa et dans la vue de leur jouer un bon tour en retardant le plus possible l'exécution des traités que les danseurs pouvaient avoir, le premier gentilhomme de la chambre exigea qu'ils restassent à la disposition de l'Académie royale de musique pendant le semestre d'usage, et leur congé, accepté en mai 1754, ne devait commencer que le 1ᵉʳ novembre.

L'état des appointements, pour les années 1754-1755, porte :

— Vestris, entré en 1749, renvoyé le 17 février 1754.

— Vestris cadet, entré en 1753, a demandé son congé absolu, fait ses six mois qui expireront le 1ᵉʳ novembre 1754.

— Mˡˡᵉ Vestris, entrée en 1751, a demandé son

congé absolu, fait ses six mois qui expireront le 1er novembre 1754 [1].

Pendant ce laps, les Vestris parurent rarement sur la scène de l'Opéra. Gaétan sorti de prison s'occupa de répondre aux avantageuses propositions qu'on lui adressait ; il conclut pour Berlin à raison de seize mille livres par an, cent louis d'indemnité pour ses frais de voyage et cent livres pour son retour; son frère Angiolo aurait trois mille livres plus cinquante louis pour son transport et autant pour se rapatrier s'il ne se plaisait pas en Prusse. Quant à Thérèse si nous ignorons les conditions qu'elle accepta nous savons en revanche que ce prochain départ n'arrêtait pas son zèle de courtisane pratique et rusée. Elle combinait admirablement ses intrigues, mais à ce jeu, il lui arrivait parfois d'être mal servie par le hasard malin qui venait bouleverser ses machinations. Une aventure, dont elle fut l'héroïne et aussi la victime est rapportée en détail dans un petit recueil intitulé : *Les sottises du tems*, ouvrage aujourd'hui rarissime. L'auteur, sous forme de lettre, en date du 14 février 1754, raconte à propos de la rouerie des filles de théâtre :

Une des plus habiles et des plus alertes dans cette

1. ARCHIVES DE L'OPÉRA. *État des appointements.*

brillante carrière, est une de nos premières danseuses, nommée la Vestris, fille aussi galante qu'elle est aimable et jolie. Aussi n'a-t-elle pas été longtems au théâtre sans y faire la conquête d'un de nos seigneurs, nommé le marquis de Courtil, lequel couroit avec elle sur le chemin de l'Hopital. Mais comme une seule proye ne suffit pas aux animaux voraces, et que lorsqu'il est question de faire sa fortune, on y va, pour l'ordinaire, le plus grand train que l'on peut, la Vestris, quoique entretenue par le Marquis, ne laisse pas d'attaquer encore, à droite et à gauche, tout le casuel qui se présente ; ce que ces sortes de filles appellent, entre elles, *le tour du bâton.* Dans une ville aussi grande, et aussi peuplée que l'est celle-ci, vous sentez bien, Monsieur, que ce tour du bâton va bien loin, et que pour peu qu'on y soit heureux et adroit, on y doit bien faire ses affaires. C'est aussi ce qui est arrivé à la donzelle Vestris, qui, par là, est parvenue à se faire un revenu considérable. Mais en voulant tout avoir, on perd aussi quelquefois tout ; et, comme le dit un de nos vieux proverbes, *qui trop embrasse mal étreint* ; catastrophe qui vient aussi d'arriver à notre danseuse.

Un jeune Milord, l'ayant vue danser, il y a quelques semaines, à l'Opéra, fut tellement épris de sa figure, de sa taille, de ses talents, en un mot de toute sa personne, qu'il résolut aussitôt d'en faire sa maîtresse pour tout le tems qu'il avoit à passer ici ; mais ayant été pour cela aux informations, il apprit, avec chagrin, que la chose n'étoit pas facile, parce qu'elle étoit déjà au Marquis. En conséquence il fit tout ce qu'il put pour s'en détacher ; mais inutilement... En

vain la raison, que l'on dit que sa nation consulte
et écoute plus qu'aucune autre, lui fit entendre ce
qu'elle dit sur ce point à tous ceux qui ont la force
de suivre ses conseils. S'il ne fut pas tout à fait sourd
à sa voix, du moins ceux qu'elle lui donna, dans
cette rencontre, ne produisirent-ils aucun bon effet.
Au contraire, son amour étant devenu encore plus
violent par les obstacles qui se présentoient, il résolut de les forcer tous. Comme il n'ignoroit pas la
manière dont il faut s'y prendre pour réussir auprès
de ces sortes de filles, il la mit bientôt en œuvre.
Les visites, les cadeaux, les présents, les habits magnifiques, les bijoux, enfin tout ce qui gagne ordinairement le cœur des femmes, fut employé pour
gagner celui de la Vestris, qui, voyant un bon Pi-
geonneau dans ses filets, n'avoit garde de le laisser
échapper, qu'après lui avoir arraché toutes les plumes qu'elle pourroit. En conséquence elle feignit
n'être pas insensible à la passion du Milord, et lui
donna quelques espérances ; ce qui redoubla son
amour pour elle au point qu'il lui promit d'abord
500 guinées, si elle daignoit lui faire part de ses
faveurs [1].

La clef du coffre-fort et des cœurs est la même, a
dit, quelque part [2], un de nos poètes qui connoissoit
au mieux les foiblesses des femmes et surtout leur
passion pour l'or et l'argent, passion à qui elles sa-

---

1. La guinée est une pièce d'or de la valeur d'un louis de
24 livres.

2. La Fontaine, dans son conte du *Petit chien qui secoue
des pierreries.*

crifient tous les jours ce qu'elles ont de plus précieux,
je veux dire leur honneur. La Vestris qui, pour mieux
amorcer le Milord, avoit joué jusqu'alors, avec lui,
le rôle de *virtuose*, se laissa ébranler à cette proposition. Le galant, voyant l'effet de sa pluie d'or sur
sa Danaë, en augmente par dégrez, et enfin en double la dose. Fut-il jamais plus étrange et plus risible sotise! Mille guinées (c'est-à-dire vingt-quatre
mille livres) pour des faveurs que ces sortes de créa-
tures prodiguent assez souvent, incognito, à leurs
valets! De pareilles folies ne méritent-elles pas les
petites maisons [1]?

Comme la raison pouvoit enfin ouvrir les yeux au
galant Anglois, la Vestris, qui scavoit qu'en pressant
trop l'anguille, elle nous échappe quelquefois, ne lui
laissa pas le tems de la réflexion. Le marché fut donc
arrêté, la somme comptée, et les faveurs promises,
pour la nuit même. Il n'étoit plus question que de
trouver moyen d'empêcher que le marquis de Courtil
ne vînt troubler la fête. La galante Vestris crut y
pourvoir, en lui faisant dire ce jour-là qu'elle étoit
malade, et par conséquent ne pourroit lui donner à
souper chez elle. Mais il en arriva tout autrement; et
cette ruse qui lui avoit paru bien imaginée, produisit
une toute autre catastrophe. En effet dans le tems
qu'elle étoit à souper avec le Milord, qui comptoit
bien s'enyvrer avec elle des plaisirs qu'elle lui avoit
fait payer si cher, le Marquis, inquiet de la santé de
sa maîtresse, et ne voulant pas se coucher sans en
avoir eu des nouvelles par lui-même, vint pour la voir

1. Hôpital pour les fous.

Je vous laisse à penser, Monsieur, quel trouble, et quelle allarme, cette visite imprévue jetta dans le tête-à-tête. D'abord on fait dire au Marquis que sa maîtresse est couchée et repose. Il en est charmé ; et comme ce sommeil lui paroit un signe de santé, il lui prend envie de le partager avec elle. Il veut entrer pour cet effet dans son appartement. La fille de chambre, qui étoit dans la confidence, s'y oppose, conformément aux ordres qu'elle en avoit reçus de sa maîtresse. Le Marquis s'obstine, commence à soupçonner, et fait tapage pour entrer. On lui résiste, on l'amuse, pour donner au galant le tems de s'esquiver ; mais il n'y avoit pas moyen de s'échaper, à moins que ce ne fût par la fenêtre ; et elle étoit un peu trop haute pour que le jeune Milord voulût risquer un pareil saut. Dans l'embarras pressant où elle se voit, la Vestris ne trouve point d'autre moyen pour s'en tirer, que de cacher son galant Anglois dans une grande armoire qui étoit dans sa chambre. Elle l'y fait donc entrer promptement ; et se déshabillant elle-même avec encore plus de diligence, elle se met au lit, où elle feint de dormir.

Cependant le Marquis, continuant à faire tapage à la porte, la fille de chambre, qui avoit donné à sa maîtresse tout le tems de pourvoir à sa sûreté, et à celle de l'Anglois, laisse enfin entrer le galant qui, la voyant effectivement couchée seule, fut le premier à condamner les soupçons que la résistance de la fille de chambre lui avoit donnés d'abord. Comme l'agitation que sa venue avoit causée à la Vestris avoit couvert son visage des plus brillantes couleurs, le Marquis la trouva si charmante, que, la croyant réellement endormie, il se déshabille sans façon, et prend, à ses côtés, sa place ordinaire, malgré tout ce que la fille de chambre put lui dire pour l'en détourner.

Figurez-vous, Monsieur, le nouvel embarras où se trouva notre danseuse, et plus encore le jeune Milord, qui n'étoit rien moins qu'à son aise dans l'espèce de prison où on l'avoit jeté à la hâte. Il y pesta plus d'une fois contre son amour, et contre la folie qu'il lui avoit fait faire. S'il lui en avoit coûté mille guinées, pour passer chez sa maîtresse, il en eût encore plus volontiers donné mille autres, pour en être bien loin. Comme le Marquis lui laissa tout le tems de faire des réflexions, il en fit des plus solides, et une, entre autres, qui mérite d'avoir ici sa place, ne fût-ce qu'à cause du plaisant et risible effet qu'elle produisit. En entrant dans la grande armoire, où la Vestris, toute troublée, le jetta, il avoit remarqué que c'étoit là même où il lui avoit vu mettre, quelques heures auparavant, les mille guinées qu'il lui avoit apportées. Cette remarque lui fit naître une idée des plus heureuses, et qu'il exécuta encore plus heureusement. La voici :

Pendant que le Marquis et sa maîtresse se livroient tous les deux à des plaisirs dont la vivacité et les délices ne permettent guère de penser à autre chose, le Milord, à qui cet accident venoit de rendre toute sa raison, songeoit à réparer la haute sotise qu'il avoit faite, et à ratrapper, s'il étoit possible, son argent. Pour cet effet il allonge ses bras, les étend de tous les côtés, cherche à tâtons, dans l'armoire, s'il n'y pourra pas encore trouver sa bourse, qu'il y avoit

vu mettre, et à force de chercher, il a le bonheur de
mettre la main dessus. Vous dire ici, Monsieur, quelle
fut sa joye ; pour peu que vous soyez entré dans sa
situation ; c'est une chose que vous sentirez beaucoup mieux que je ne pourrois vous l'exprimer. A la
vue de ses guinées, qu'il comptoit perdues, comme
elles l'étoient effectivement sans cet accident, il re-
connut qu'on avoit raison de dire, qu'à *quelque chose
le malheur est bon* ; et plus d'à moitié consolé de sa
disgrâce, il résolut d'attendre tranquillement le
dénouement de cette galante aventure.

Cependant la donzelle Vestris, s'étant raccommo-
dée, de la manière dont on vient de le voir, avec le
Marquis, qui ne la soupçonnoit plus d'aucune infidélité, se ressouvint du Milord qu'elle avoit mis sous
la clef, et qu'elle auroit bien voulu qui fût dehors,
dans la crainte que quelque nouvel accident n'allât
tout découvrir. Pour cet effet elle ne vit pas plutôt
le Marquis endormi, que, se levant le plus doucement
qu'il lui fut possible, elle va, à tâtons, délivrer son
prisonnier. Celui-ci, non content de n'être point la
duppe de l'aventure, ayant senti que sa libératrice
n'étoit qu'en simple chemise, résolut encore d'en
tirer parti. Il lui parut que c'étoit bien la moindre
chose qu'il dût tirer des magnifiques présents, et
autres dépenses, très considérables, qu'il avoit fait
avec elle. La Vestris de son côté, trouvant qu'il y
auroit eu de l'injustice à tout refuser à un aimable
cavalier, qui en avoit agi avec elle si généreusement,
ne lui fit pas grande résistance. Voilà donc nos
deux amants qui font une nouvelle sotise ; mais,
patience; ils ne la porteront pas loin l'un et l'autre.

En effet le Marquis, s'étant réveillé au bruit que fit la chute d'une chaise, et entendant dans la chambre un certain murmure qui ne lui annonçoit rien de bon, saute du lit, se jette sur son épée, ralume les bougies, cherche sa maîtresse, à la place de laquelle il trouve le jeune Milord, qui, ne connoissant pas la disposition de l'appartement, n'avoit pu gagner la porte aussi promptement que l'avoit fait la Vestris.

La vue de son rival mit le Marquis en fureur. Il l'auroit sans contredit assassiné, dans son premier transport, si celui-ci, tirant aussitôt son épée, ne se fût mis en défense. Voilà donc nos deux hommes à ferailler ensemble. Ils étoient si animés tous les deux, que l'un ou l'autre seroit resté sur le carreau, s'ils n'eussent pas été aussi habiles qu'ils l'étoient dans le maniement des armes. Heureusement encore que le guet, qui n'étoit qu'à deux pas, et qui accourut aux cris de la Vestris et de ses domestiques, arriva assez à tems pour les séparer.

Hé bien, Monsieur ! Qu'en dites-vous ? Sont-ce là des sotises ?...

Tout le mal qui est arrivé de cette aventure, et auquel la Vestris a été extrêmement sensible, est la double perte qu'elle y a faite. La première est celle des mille guinées que le jeune Milord a remporté chez lui ; et la seconde, celle du Marquis de Courtil, son amant, qui enfin devenu sage, à ses dépens, l'a plantée là, et n'a plus voulu depuis entendre parler d'elle. Mais ce qui peut consoler notre aimable danseuse, c'est que Paris, ne manquant pas de sots, il s'en trouvera assez d'autres qui lui feront bientôt

oublier cette double perte que quelqu'un d'eux a
peut-être déjà reparée [1].

Quels furent les héros de cette plaisante histoire ? Nous n'avons rencontré aucun marquis
de Courtil dans les rapports de police et nous
ne voyons même pas ce nom figurer parmi les
libertins de l'époque ; peut-être cache-t-il le marquis de Vandières, frère de la Pompadour, devenu marquis de Marigny, mais nous avons vu
qu'il s'était détaché de Thérèse à la fin de 1753.
Si cependant cela était, le « milord » pourrait bien être un des Anglais dont nous avons
parlé plus haut. Ce qu'il y a de certain, c'est
qu'en attendant son départ, Mlle Vestris, pour
recouvrer les mille guinées d'Angleterre qu'elle
avait vu luire, retint dans sa barque le sieur
Coquelen, riche Anglais, de promenade à Paris.
Coquelen qui, s'il n'est pas le milord en question, apprit néanmoins combien est fragile le
cœur féminin. Séduit à son arrivée par la car-
nation basanée de Mlle Montfort, l'enfant d'Al-
bion, accoutumé aux beautés fades et blondes
de son pays, s'était épris de cette brune dan-

---

1. *Les sotises du tems ou* Mémoires *pour servir à l'histoire
générale et particulière du genre humain, ouvrage critique e,
moral, badin et sérieux, amusant et instructif,* etc. A La Haye
chez Nicolas Van Daalen, libraire dans le Hoogstraat, 1754,
in-12, tome I, p. 103-112.

seuse aux yeux vifs, aux chairs fermes, dans tout l'éclat de sa jeunesse radieuse ; il s'était chargé de son entretien moyennant quatre cents livres par mois, ne demandant en retour qu'un peu de constance. Vaine illusion. En rentrant un soir il trouva Mlle Montfort couchée avec l'abbé de Lapis, un chanoine du chapitre de Bordeaux [1]. Navré, Coquelen abandonna son infidèle et chercha une diversion consolatrice dans le libertinage réputé de Mlle Dumesnil surnommée la Jacobine [2]. C'est alors qu'il rencontra Thérèse Vestris et qu'il traita avec elle aux conditions de six cents livres par mois en plus de la dépense journalière de la maison, clause qui augmenta considérablement ses frais.

Ce n'était pas, en effet, le moins coûteux, car le fond de l'ordinaire chez les Vestris était de six couverts à dîner et autant à souper presque tous les jours. Mais Coquelen eut l'insigne joie de faire partie de la famille, il venait prendre avec elle tous ses repas, y couchait et s'en revenait à son hôtel, rue de Taranne, sur les six heures du matin [3]. Avec Thérèse, l'Anglais fréquenta la colonie italienne établie à Paris. C'é-

---

1. ARSENAL. *Archives de la Bastille*, 10237, f° 218.

2. C'est la même qui fut surprise avec Mlle Villeneuve couchée avec deux Jacobins. (ARSENAL. *Archives de la Bastille*, 12041, f° 339 v°.)

3. ARSENAL. *Archives de la Bastille*, 10237. *Dossier Vestris*.

taient tantôt des visites chez les frères Ruggieri
qui tenaient, pour la joie des amateurs de py-
rotechnie, un feu d'artifice rue Saint-Lazare,
aux Porcherons. Tantôt ils recevaient Mme Van
Loo, la femme du peintre; ou se rendaient chez
Mlle De Rouge, blonde et blanche Italienne, grande
musicienne, dont le mari, tout en jouant de la
flûte, fermait les yeux sur les relations de sa
femme avec M. Bertier de Sauvigny, intendant
de la généralité de Paris; l'épouse de celui-ci
n'était pas moins accommodante et recevait la
maîtresse de son mari, assurée que leurs entrevues n'avaient que la musique pour objet [1].

Le brillant équipage offert à Thérèse par son
Anglais servait à remplir ces devoirs mondains,
et quelquefois le carrosse de Mlle Vestris s'arrêtait aussi devant la demeure de Mme Favart, la
comédienne applaudie du Théâtre Italien. Telles
étaient les fréquentations de Thérèse, lorsqu'en
octobre elle fut requise, ainsi que ses frères, Gaétan et Angiolo, pour danser aux spectacles de
la Cour, à Fontainebleau. Les Vestris devaient
figurer dans les intermèdes des *fragments*
d'opéra qu'on représentait devant le roi pendant sa villégiature d'automne.

Les rôles que tinrent les Vestris dans ces ballets sont aussi variés que nombreux; en voici
la nomenclature :

1. ARSENAL. *Archives de la Bastille*, 10239, f°s 84-85 v°.

LA NAISSANCE D'OSIRIS OU LA FÊTE DE PAMILIE (Cahusac, Rameau, ballet de Laval).

Vestris. . . . *Un prêtre de Jupiter.*

LES INCAS DU PÉROU (Fuzelier, Rameau, Laval).

M^llo Vestris . . *Une Péruvienne.*

PIGMALION, ballet de Rameau et Laval.

Vestris cadet . . *Suite de Pigmalion.*

ANACRÉON, ballet de Cahusac, Rameau, Laval.

Vestris cadet. . . 1er divertissement : *Jeunesse de Théos.*

D^lle Vestris . . . 1er divertissement : *Jeunesse de Théos.*

D^lle Vestris . . . 2e divertissement : *Une théonienne représentant Erigone.*

Vestris . . . . . 2e divertissement : *Un théonien représentant Bacchus.*

DAPHNIS ET ALCIMADURE. Paroles et musique de Mondonville, ballet de Laval.

Vestris cadet . . *Peuple dans le prologue.*

Vestris cadet . . *Pâtre . . . .* 1er acte
Vestris cadet . . *Chasseur. . . . . .* 2e —
D^lle Vestris. . . *Bergère . . . . . .* 3e —
Vestris cadet . . *Matelot . . . . . .* 3e —

THÉSÉE (Quinault, Lully, Laval).

D^lle Vestris. . . *Prêtresse de Minerve.* . 1er acte
Vestris . . . . . *Athlète . . . .* 1er —

Vestris cadet . . *Combattant.* . . . . . 1ᵉʳ acte
Vestris cadet . . *Peuple d'Athènes.* . . 2ᵉ —
Vestris cadet . . *Démon* . . . . . . 3ᵉ —
Vestris . . . . *Peuple d'Athènes* . . . 5⁹ —
Dˡˡᵉ Vestris. . . *id.* . . . 5ᵉ —

Тнéтis ет Pеlée (Fontenelle, Colasse, Laval).

Vestris cadet . . *Triton* . . . . 1ᵉʳ acte
Dˡˡᵉ Vestris. . . *Nymphe.* . . . . . . 1ᵉʳ —
Vestris cadet . . *Persan* . . . . . . 2ᵉ —
Vestris . . . . *Prêtre* . . . . . . 3ᵉ —
Vestris cadet . . *id.* . . . . . . 3ᵉ —
Vestris cadet . . *Vent* . . . . 4⁹ —
Vestris . . . . *Jeux et plaisirs* . . . 5ᵉ —
Vestris cadet . . *id.* . . . . . 5ᵉ —

Alceste ou le triomphe d'Alcide (Quinault, Lully, Laval).

Vestris cadet . . *Triton* . . . . 1ᵉʳ acte
Vestris . . . . *Divinité infernale* . . 4ᵉ —
Vestris cadet . . *id.* . . . 4ᵒ —
Vestris . . . . *Peuple de Grèce* . . . 5ᵉ —
Vestris cadet . . *id.* . . . 5ᵉ —
Dˡˡᵉ Vestris. . . *Bergère* . . . . . . 5⁹ — [1]

Veut-on avoir une idée des costumes de danseurs à cette époque ? Veut-on savoir comment
ces *Vents,* ces *Nymphes,* ces *Démons,* ces *Peu-
ples* étaient attifés ? On n'a qu'à en lire la des-
cription qui suit et l'on verra combien on était
encore loin du réalisme de notre époque :

1. *Fragments représentés devant le roi,* 1754, in-4°.

M. Vestris dans *Thésée*, 5ᵉ acte :

Un habit à la grecque de glacé argent nouveau, brodé en chenille bleue et paillons argent peints en bleu ; vêtements de dessous de gaze bleue à fleurs d'argent ; le tout garni de réseaux argent ; une coeffure fronton de glacé argent, entrelacé de gaze raïée bleu et argent, une culotte de satin blanc.

Mˡˡᵉ Vestris dans *Thésée*, 5ᵉ acte :

Une juppe fond de taffetas blanc d'oliman formé sur le devant de la juppe de gaze bleue et argent à petites raies ; mosaïque de chenille bleue, formant draperie ; ouverture du devant de la juppe de gaze bleue à fleurs d'argent ; une guirlande de fleurs brodées en paillons de glacé bleu.

M. Vestris dans *Anacréon* :

Un habit corps et manches de taffetas rose, tonnelet de glacé argent ; draperie et bracelets de taffetas tigré ; le tout garni de feuilles, fleurs et raisins.

Mˡˡᵉ Vestris dans *Thésée* :

Une juppe de taffetas blanc recouverte de gaze de soie rayée en or à petites raies ; ornements en bouffettes de satin cramoisi ; nœuds et pompons de même, le tout chenillé cramoisi et or.

M. Vestris dans *Alceste*, 4ᵉ acte :

Un habit de satin cerise, corps, manches et tonne-

let; draperie de gaze argent; le tout orné de guirlandes et bouquets de fleurs, la coeffure a été donnée à
Vestris.

Mlle Vestris dans *Alceste :*

Une juppe de taffetas blanc, tamponnée de gaze
brochée à fleurs roses ; une roue de taffetas rose au
bas de la juppe sur laquelle sont des espèces de coquilles de gaze blanche à carreaux ornées de fleurs
rouges; au-dessus, une guirlande de fleurs blanches
régnant autour, la gaze brochée formant une espèce
de seconde juppe relevée en festons et agraffée avec
des fleurs, la draperie de taffetas rose tamponnée ;
pompons de gaze brochée et fleurs bordées d'espèces
de coquilles de gaze à carreaux et d'une guirlande
de fleurs blanches.

Mlle Vestris dans *Thétis et Pélée :*

Une juppe de taffetas blanc, recouverte en plein
de gaze d'argent à petites raies vert d'eau, ornée de
feuilles de roseaux et fleurs jaunes; draperie de gaze
argent et petites raies vert d'eau ; bordée d'une frange
argent et verte.

M. Vestris :

Un habit ; corps, manches et tonnelet de satin
blanc, brodés en paillons argent et diverses couleurs
et chenille verte ; draperies et bouffettes de gaze
argent raïée bleue ; la coeffure pareille.

Mlle Vestris :

Une juppe de taffetas blanc garnie de volants et
nœuds de gaze de soie raïée argent, le tout garni de
blonde.

M. Vestris :

Un habit de paysan, demi-caractère, de taffetas
blanc, garni de découpures roses chenillées argent,
volant de taffetas rose, tamponné de gaze blanche
raïée, garni de guirlandes de fleurs et blonde ; une
toque de taffetas rose garnie de gaze brochée, découpée.

M. Vestris, *Thétis et Pélée :*

Un habit d'amour, corps et tonnelet de taffetas chair,
tamponnés et bouffettes de gaze blanche raïée, le
tout garni de fleurs, blonde et réseau argent ; la
culotte et la coiffure de taffetas chair, fronton de glacé
argent.

M. Vestris (Habit de faune) :

Un habit de faune corps et culotte de taffetas marron, tonnelet de taffetas cerise, écharpe, bracelets,
mancherons, draperie et toque de taffetas tigré, le
tout garni de feuilles, fleurs et chenille verte.

M. Vestris (Habit de satyre) :

Un habit de satyre de taffetas bois, tonnelet de taffetas brun, le tout garni de feuilles, bombet et culotte

de taffetas jaune, liserés bruns ; le bombet garni de fourrure façon de martre ; la coiffure de taffetas pareil à l'habit.

Mlle Vestris dans les *Incas du Pérou :*

Un habit, juppe fond taffetas mordoré draperie attachée à la juppe de gaze de soie raïée ; grand volant pareil ; le tout orné de gaze brochée découpée et garni de plumes d'autruche jaunes.

Mlle Vestris dans *Alcimadure :*

Une juppe de taffetas vert ; le haut de la dite juppe tamponnée de gros marli et tombant en festons jusqu'au bas de la juppe petit bombet de taffetas vert, orné de découpures de gaze brochée et de moulinets de ruban rose.

M. Vestris :

Un habit de pellerin de taffetas brun, garni de petites bouffettes de gaze argent raïée rose et chenillée rose et argent ; veste de taffetas rose, découpures blanches chenillées argent ; chaperon de taffetas noir garni de coquilles ; pannetière de glacé argent garni de chenille rose, chapeau et culotte de taffetas brun garni de découpures cerise. Deux tonnelets de glacé or.

Mlle Vestris :

Une juppe de taffetas marron garnie d'ornements.

Mlle Vestris:

Une juppe de pellerine de taffetas brun garnie de découpures roses chenillées argent [1].

Amalgame clinquant d'or faux et de glaçages miroitants, sur des étoffes légères de tulle ou de gazes alourdies par l'ampleur exagérée des tonnelets et des paniers. Cependant c'était de mode, et nul ne songeait à s'en moquer.

Lors de ce voyage, Thérèse pensa bien perdre Coquelen, son dévoué répondant. A son habitude, elle se serait crue déshonorée en se bornant à un seul protecteur, et comme Coquelen n'était pas toujours à Fontainebleau, elle accepta les caresses d'un autre Anglais, milord Powerscourt. C'était un jeune homme petit, bien fait, âgé d'une vingtaine d'années, vivant à grands frais en dépit de l'avarice paternelle. On raconte que pour venir à Paris, il fit ses fonds en pariant avec des amis que son père vivrait plus que le leur [2]. Une fois dans les murs de la capitale, il se logea grandement rue de Condé, chez Le Blanc, payant six cents livres par mois de loyer, ayant un équipage de huit chevaux,

---

1. BIBLIOTHÈQUE NATIONALE. *Manuscrits français*, 14122. (*Inventaire général des habits des ballets du roy fait au mois de décembre 1754 et distribué par chapitres suivant les différentes sortes des caractères des habits.*)

2. DUFORT-CHEVERNY. *Mémoires*, I, p. 146.

tant de trait que de selle, et huit à neuf domestiques. Courant les filles, il reçut les faveurs de Mlle Lany, sœur du maître des ballets de l'Opéra, il s'offrit Mlle Clairon, et en peu de temps il devint célèbre parmi les jolies coquines sous le nom de Trousse-cotte que lui octroya Mlle Puvigné mère [1].

C'est avec ce galant cavalier que Mlle Vestris se laissa pincer par le sieur Coquelen qui troubla un de leurs tête-à-tête non équivoque. Quelques jours après l'Anglais trompé partait pour passer l'hiver à Toulon.

Cet événement, dit Meusnier, a mis un peu plus d'économie dans la maison de Mlle Vestris et a fait disparaître l'équipage [2].

Ainsi le retour à Paris n'eut rien de folâtre pour Thérèse, car Powerscourt couchait et passait à une autre...

Mais les six mois que les Vestris devaient à l'Opéra, étaient écoulés. Ils se préparaient au départ quand Violante, de retour, mariée pendant son voyage avec un sieur Lorenzo Gheardini, vint les surprendre [3]. Il fut convenu qu'elle

---

1. ARSENAL. *Archives de la Bastille*, 10236, f° 535.

2. ARSENAL. *Archives de la Bastille*, 10237. *Dossier Vestris*.

3. Lorenzo Gheardini ou Giardini n'a jamais figuré sur un théâtre de Paris, mais il est signalé au théâtre de la Cour de Wurtemberg, en 1767. (SITTARG. *Zur Geschichte der Musik und des Theaters am Wurtembergisheim Hofe*, 1891, in-8°, t. II, p. 97.)

garderait la maison de la rue des Petits-Champs pendant l'absence de sa sœur et de ses frères. Enfin les danseurs partirent en décembre et Meusnier mentionne fidèlement :

Du 8 décembre 1754.

LA Dlle VESTRIS
L'AÎNÉE

—

Danseuse à l'Opéra

—

Rue Neuve des Petits-Champs.

Vendredi dernier, 6 de ce mois, la demoiselle Vestris l'aînée, ses deux frères, l'un dansant seul et l'autre dans les ballets de l'Opéra, avec leur mère, sont partis pour Berlin relativement aux engagements qu'ils ont fait, ainsi qu'il a été dit dans le tems.

On assure que la demoiselle Vestris retrouvera là-bas le sieur Coquelet, Anglais, qui l'entretenoit ici et qu'elle en a reçu une lettre par laquelle il paroit disposé à renouer avec elle dans ce nouveau climat. Ce qu'il y a de certain, c'est que cet étranger qui avoit une maison montée à Paris, grande rue de Taranne, a vendu tous ses meubles avant son départ et n'a gardé qu'un seul domestique, au lieu de trois qu'il y avoit, y compris son coureur.

La demoiselle Vestris a laissé ici sa maison en état, à la garde de sa sœur cadette, connue sous le nom de Violente ou Violentina, cy-devant chanteuse au Concert de la reine, qui est partie il y a deux [un] ans pour Londres d'où elle est revenue il y a environ un mois. Elle se dit mariée, mais ce prétendu mari n'a point encore paru sur notre horizon ; il n'y a avec elle qu'un troisième frère, celui-ci joue de la flûte.

On ignore pareillement si la demoiselle Violente a déjà engagé quelque intrigue depuis qu'elle est de retour. On la dit grosse [1].

Après sept années passées à Paris, les Vestris s'éloignaient sans se douter qu'ils ne tarderaient pas à venir s'y fixer définitivement.

1. ARSENAL. *Archives de la Bastille, 10237. Dossier Vestris.*

CHAPITRE VI

RETOUR

Installation de Thérèse. — Violante et M. de Sersale. —
Prétention de Gaétan. — Orgie chez M. de Curis. —
Epître à Mlle Vestris. — Levesque de Gravelle.

L'absence des Vestris ne devait pas être de
longue durée. Nulle trace ne permet de les suivre dans les capitales de l'Europe où ils séjour-
nèrent. On a vu qu'ils partirent pour Berlin.
De là ils durent retourner en Italie au théâtre
de Turin, mais il est probable que Gaétan et son
frère continuèrent seuls ce voyage, car nous
voyons bien figurer une Vestris dans un ballet
composé par Gaétan, joué à Turin, mais ce nom
est précédé du « coningi » indiquant une ballerine mariée [1]. D'ailleurs Thérèse est signalée à
Paris dès le 5 mars 1755, revenue en compagnie
de son ancien amant, l'Anglais Coquelen.

1. Voici le texte : Ball. — 1. Ginochi di contadini. — 2. Coro-
nazione di Apollo e dafne. — 3. Si populi orientali. Composti
da Gaetano Vestris. — Ballerini : Coningi Vestris. (GIACCOMO
SACCERDOTE. *Teatro Regio di Torino*, 1892, in-8°, année 1755.)

La demoiselle Vestris l'aînée, dit Meusnier, qui étoit partie d'icy le 6 décembre dernier pour Berlin en est de retour depuis huit jours avec le sieur Coquelet qui continue à l'entretenir et a dépensé beaucoup avec elle. Il demeure rue Neuve Saint-Eustache, dans une maison qu'il a fait meubler. On croit pourtant que la demoiselle Vestris ne vient point demeurer avec lui, qu'il en relouera une partie, c'est-à-dire le trois et quatrième étage.

Comme en partant elle avait laissé sa maison en état à la garde de sa sœur cadette, elle demeure toujours, rue Neuve des Petits-Champs.

Quant aux sieurs Vestris, ses frères, il n'est pas question de leur retour [1].

Le raccommodement avec Coquelen, qu'elle avait repêché en tournée, fut scellé d'une façon définitive en mai. Thérèse s'installa dans la maison de son Anglais, au deuxième étage, dans un appartement donnant sur la rue, des fenêtres duquel elle pouvait apercevoir l'enseigne de la Tour d'Argent qui pendait vis-à-vis. M. Coquelen, pour faire les choses luxueusement, avait laissé pour l'installation de sa maîtresse dix mille livres au tapissier, et à la belle saison tous deux s'isolèrent, comme des nouveaux mariés, dans une petite maison située à Passy, louée par Coquelen deux mille livres par an, toute meublée, avec un bail de trois années.

1. ARSENAL. *Archives de la Bastille*, 10237. *Dossier Vestris.*

De son côté, Violante, bien que mariée, et qui chantait toujours au Concert spirituel sous le nom de Géardini [1], avait empaumé le comte de Sersale, Napolitain vivant à Paris depuis 1751 et dont l'oncle était cardinal et archevêque de Naples. Meusnier sur la fiche du comte de Sersale note :

Il a d'abord logé à l'hôtel d'Orléans, rue des Petits-Augustins, ensuite rue du Colombier à l'hôtel de Bourbon [2], où il a été arrêté avec le sieur Wanouski, Italien, par Chassaigne inspecteur, qui les a conduit au For-l'Évêque. Il alloit souvent jouer chez M. le duc d'Orléans, lorsqu'il ne tailloit point au pharaon chez Mᵐᵉ la duchesse de Modène ou chez l'ambassadeur d'Espagne ; on rapporte qu'il eut dans cette dernière maison, un démêlé très vif avec M. de Caraccioli présentement ambassadeur de Naples à Turin, à l'occasion de quelques mots relatifs à sa bonne fortune aux jeux d'hazard néanmoins l'affaire n'eut point d'autre suite. M. de Sersale a toujours fréquenté ici les meilleures maisons, sans compter celle de la demoiselle Pitrot, chés laquelle il a souvent été faire des parties de femmes avec l'abbé d'Hérissaire et M. de la Cerda fils, ministre du roy de Portugal.

Depuis sa sortie du For-l'Évêque, il demeure rue de Taranne, à l'hôtel du *Grand-Écuyer*, garni. Il vient de faire une maladie de près d'un an.

1. *Almanach des spectacles*, années 1755 et suiv.

2. Le premier de ces hôtels coûtait par mois de 400 à 500 livres (Dᴇ Jèᴢᴇ. *Tableau de Paris*, 1765).

Il est riche et fort à son aise [1].

Le comte de Sersale payait six cents livres par mois le droit de pénétrer auprès de Violante et il n'avait garde d'oublier sa galante visite qu'il rendait tous les jours à midi, ponctuellement. L'exactitude même avec laquelle le Napolitain s'acquittait de ses devoirs amoureux rendait un long attachement impossible ; il s'attardait quelques mois, puis portait ses hommages vers d'autres beautés. Après Violante, chanteuse, le comte appointera la grassouillette demoiselle Ponchon, danseuse [2], et se réservera ensuite Mlle Dubois, actrice aux Français [3], sans préjudice des parties fines et des petits soupers.

Laissant Thérèse et Violante battre monnaie de leur corps, Gaétan et Angiolo de retour à Paris s'efforcèrent de reconquérir la place abandonnée au théâtre de l'Opéra. Par bonheur, Pitrot, bien qu'inférieur en talent et sur lequel on avait compté pour remplacer Vestris, ne se hâtait pas de revenir de Saxe où il composait des ballets ; aucun autre danseur ne ressortait suffisamment pour se détacher du groupe ordinaire des sujets ; Gaétan bénéficia de cette pénurie de coryphées et à la fin de l'année 1755,

1. ARSENAL. *Archives de la Bastille*, 10237. *Dossier Vestris*.
2. ARSENAL. *Archives de la Bastille*, 10237, f° 264.
3. BIBLIOTHÈQUE NATIONALE. *Manuscrits français*, 11358, f. 549.

Thérèse, Gaétan et Angiolo, avaient repris leurs emplois à l'Académie royale de musique.

Sitôt engagé, Vestris désira se montrer, annoncer à tous sa réapparition. Avec l'orgueilleuse prétention qui ne l'abandonnait jamais, il crut sincèrement que toute la vie parisienne était suspendue par l'attente de sa rentrée. Trop orgueilleux pour cacher sa vanité, il souffrait réellement du retard que chaque jour apportait à son triomphe, au point qu'il ne craignit pas de s'en plaindre au directeur Bontems qui gérait l'Opéra pour la Ville de Paris. Sans plus de modestie il se rendit auprès de lui le 1ᵉʳ décembre et lui observa « que le public murmurait déjà de ce qu'ils n'avaient pas encore parus ». Et il proposa qu'on les fît débuter le lendemain. Bontems, sans avoir d'égards pour cette puérile réclamation, ne voulut rien changer au programme qu'il s'était tracé. En conséquence les Vestris reparurent dans *Roland,* l'opéra de Quinault et Lulli, le 9 décembre 1755. Gaétan dansa seul au premier acte et un pas avec Thérèse au troisième. Son amour-propre dut être mortifié : le *Mercure de France* négligea de signaler son retour.

Moins sensible à ces vaines satisfactions, Thérèse s'occupait de croquer la fortune du riche Anglais qu'elle tenait dans ses rêts, lorsque, vers la fin de ce mois de décembre, M. Coquelen fut obligé de s'absenter quelques mois pour aller à Londres et passer par La Haye au retour. Largement, il laissait cent louis à la danseuse pour faire face aux frais du ménage. A peine en liberté, ou plutôt en vacances, Thérèse renoua avec le voluptueux et le plaisant Curis qui déserta le boudoir de Mlle Sixte, jeune chanteuse au Concert spirituel qu'il entretenait alors de compte à demi avec le fermier général Caze, pour revenir à ses anciennes amours[1].

Libertin dans l'âme, Curis recherchait tous les raffinements de la luxure; on va même jusqu'à prétendre que cet homme, qui posséda presque toutes les filles de l'époque, essayait de faire diversion en goûtant curieusement des douceurs moins naturelles et peut-être faut-il rapprocher son attachement à Thérèse d'un bon mot de Sophie Arnoult. Comme Mlle Vestris s'étonnait de la fécondité de Mlle Rey, une de leur camarade de l'Opéra, la fine chanteuse observa :

— Vous en parlez bien à votre aise ; une souris qui n'a qu'un trou est bientôt prise[2].

Bref, Curis revint à Thérèse et les fêtes qu'il donna, la débauche qui y régnait se répandi-

---

1. Arsenal. *Archives de la Bastille*, 10238, f° 492.
2. *Mémoires secrets*, tome I.

A Mlle VESTRIS

Se montrer et bientôt séduire,
Aux attraits joindre les talens,
Remplir le cœur d'un aimable délire,
Charmer les yeux et captiver les sens ;
Des grâces, du plaisir être la vive image :
Vestris, partager leur encens,
Que pourriez-vous désirer davantage ?
Mais je ne sais qu'ébaucher le portrait
De ces charmes qu'en vous on admire sans cesse :
j'en suis trop rempli pour que dans son ivresse
Mon esprit enchanté les rende trait pour trait.
nment donc aujourd'hui, nouvelle Terpsichore,
Essayer de vous peindre encore ?
Comment oser vous célébrer
Telle que je vous vois, lorsqu'au public avide
De vous voir, de vous admirer,
Vous accourez d'un vol rapide,
Le contraindre à vous adorer ?
Que de grâce ! que de noblesse !
Quelle aimable variété !
Tantôt c'est Daphné dont l'adresse
Évite un amant redouté ;
Tantôt c'est la tendre jeunesse
Dans les bras de la volupté.
L'amour vif et léger que retient la mollesse,
Semble guider vos moindres mouvemens ;
Zéphir amoureux aux beaux jours du printemps,
Agite tendrement la rose qu'il caresse.
s plaisirs je goûtois, Dieux ! à me retracer

rent assez pour qu'un folliculaire
aperçu d'une de ces orgies :

...Un pinceau moins délicat, est-il dit d
de l'époque, serait absolument essentiel
Curion (Curis); si le licencieux Vatan av
émules, je les appellerais à mon secour
faire voir ce sous bel esprit les cheveux
pesamment sur un sopha, baisant avec
la jambe d'une danseuse (Vestris) qu'i
prendre la main d'un petit violon (Franc(
l'enivrer avec une bouteille de vin d'Aï d
le suffoque ; yvre il s'endort sur les bras
chevalier (Francine, ci-devant directeur
complaisant actuel de Curis) qui à la fin, e
qu'il porte, confie Curion à deux laqua
sent dans un char et le ramènent à Pa
la troupe parasite, fourrageant de tous
les porcelaines et les filles qu'on a lai

Ces dérèglements, tout en donna
value aux faveurs de Thérèse, n'
rien l'éclat de son regard et le cr
sa danse. Femme, elle récoltait des
sa beauté ; danseuse, sur ses ex
tudes, et plus heureuse que son frè
vait lire l'impression flatteuse de
dans le *Mercure* où parut cette « É
sée par un admirateur inconnu :

Ah

Co

Tel

Qu

1. CHEVRIER. *Paris, histoire véridique*, 1767

Les divers sentimens qu'en moi vous faites noître,
    Quand tout à coup je vous vis paroître,
    Et près de moi l'autre jour vous placer !
    De mon âme déjà par votre danse émue,
    Je sentis à l'instant redoubler les transports ;
    Je voulais vous parler, mais ma voix retenue
        Tenta d'inutiles efforts.
      Cependant, ô bonheur extrême !
    Damis pour vous me ravit un bouquet :
      Je n'osais vous l'offrir moi-même ;
    Et de moi seul, blâmant son stratagème,
        Vous le reçûtes en effet.
      Enhardi par cet avantage,
J'allois vous présenter un don d'un plus haut prix ;
      Mais vos yeux me l'avoient surpris,
Quand je voulus vous en offrir l'hommage [1].

Moins longuement adulée, mais plus souvent citée que sa sœur dans le journal, Violante, sous le nom de Vestris de Géardini, était de tous les Concerts spirituels, et sa voix faisait les délices des mélomanes dans les deux airs italiens qu'elle y chantait chaque fois [2]. Quand M. de Sersalle, son caprice satisfait, s'était envolé vers d'autres baisers, Violante avait trouvé M. Levesque de Gravelle, grand maître des eaux et forêts du département de la Touraine, prêt à remplacer le Napolitain. Le nouveau venu prenait la suite avec ses charges et ses plaisirs,

1. *Mercure de France*, juillet 1756, p. 5-7.
2. *Mercure de France, passim.*

au même prix que son prédécesseur, c'est-à-
dire six cents livres par mois.

M. Levesque de Gravelle jouissait d'une grosse
fortune. Il était petit-fils du côté de sa mère du
fermier général Thoynard et frère de Mme la marquise de Colandre, qui avait eu en mariage huit
cent mille livres. A la mort de ses père et mère,
Levesque de Gravelle n'avait encore touché que
trois cent mille livres employées en partie à
l'acquisition de sa charge, mais il avait en vue
quatre-vingt mille livres de rente et, à la mort
de sa grand'mère paternelle, âgée de quatre-
vingts ans, la jolie somme d'environ cent mille
livres de rente devait lui revenir [1]. Aussi y mor-
dait-il à belles dents, faisant sonner allègrement
les écus. En 1753, dès que la mort de son père
l'eut rendu libre, Levesque, âgé de dix-neuf ans,
s'installa rue Saint-Magloire et rechercha la société des femmes. Il rencontra bientôt pour le
déniaiser la comtesse Ferdinand de Gratavola qui consentit à le recevoir dans sa petite
maison située au grand Charonne. Imposante
dame, de bonne mine et pleine de fraîcheur
malgré la trentaine accomplie, grande et brune,
ronde et bien faite, la comtesse pour combattre
l'embonpoint se livrait à tous les exercices mas-
culins ; elle sonnait du cor comme Roland, se

---

1. ARSENAL. *Archives de la Bastille*; 10236, f° 280.

tenait à cheval comme un centaure, conduisait
un équipage comme Phaéton, tirait un coup de
fusil avec l'adresse d'un mousquetaire et savait
se faire payer par le petit Gravelle le prix de
ses leçons d'amour comme une courtisane [1].
Bien éduqué, le jeune héritier, laissant là son
maître, se tourna vers Mlle Marquis, dite la
belle cordonnière d'Aix, qu'il étonna par son
équipage, un vis-à-vis fort leste, ses deux grands
drôles de laquais bien bâtis, « portant leurs
manchons en bandouillière, à la Villeroy [2] ! »
Le marché fut conclu sur-le-champ. Gravelle
annonça quatre cents livres à Mlle Marquis, et
afin d'égayer leur tête-à-tête par un peu de musique, le jeune homme, sensible aux sons du cor
de chasse tant entendu chez la comtesse, fit
donner un professeur à sa nouvelle conquête.
Mlle Marquis ne dédaigna pas cet instrument,
elle profita des leçons, et au bout de quelque
temps elle en jouait « joliment » [3].

Après Mlle Marquis, le grand maître des eaux
et forêts eut au même tarif, moins les leçons
de cor, Mlle Duchesnois, grande fille blonde, aux
yeux bleus, affadie par des sourcils peu four-
nis [4]. Peut-être fut-ce ce dernier détail qui enga-

---

1. ARSENAL. *Archives de la Bastille*, 10244. *Dossier Gratavola*.

2. ARSENAL. *Archives de la Bastille*, 10243, f° 139.

3. ARSENAL. *Archives de la Bastille*, 10243, f° 140, v°.

4. ARSENAL. *Archives de la Bastille*, 10240, f° 6-8.

gea Levesque à prendre Violante, abondam-
ment et obscurément pourvue. Six mois après,
il réglait le compte de Violante pour entretenir
Mlle Gallodier cadette [1].

Mme Vestris Géardini, qui a l'air de vouloir
déménager à chaque nouvel amant, transporta
ses pénates, le 1er septembre 1756, rue Neuve
Saint-Augustin, vis-à-vis de l'hôtel d'Antin, oc-
cupant au second, sur le devant, sept pièces de
plain-pied moyennant six cents livres par an.
M. Boucot, receveur général de la ville, fit les
frais de ce déplacement, ajoutant pour trois
mille livres de meubles. Le successeur de M. de
Gravelle dans le cœur de Violante était veuf et
venait de marier sa fille avec M. Feydeau, sous-
intendant de Rouen, fils du conseiller d'État.
Soulagé de ses devoirs paternels, M. Boucot désirait secouer sa morgue auprès des jolies filles.
Il rencontra Violante dont l'aspect répondait à
l'idéal rêvé pendant sa longue continence et il
paya grassement les faveurs de l'Italienne [2].

1. ARSENAL. *Archives de la Bastille*, 10236, f° 280.
2. ARSENAL. *Archives de la Bastille*, 10237. *Dossier Vestris*.

CHAPITRE VII

MADEMOISELLE ALLARD

Les conquêtes de Gaétan. — Mlle Chaumart. — La jeunesse de Mlle Allard. — Les moyens de M. de Montmorency. — Mlle Allard débute à l'Opéra. — Louis-
Marie-Guy d'Aumont, duc de Mazarin. — Une chute
mystérieuse. — Les toquades de la duchesse. — La
danse de Mlle Allard. — Mlle Peslin cogne. — Retraite
de Mlle Allard.

.

Gaétan Vestris, est-il besoin de le dire ? continuait également à faire battre les cœurs. Toutefois, s'il eut des aventures avec des femmes
de qualité, du moins restèrent-elles assez secrètes pour que la chronique scandaleuse et les
limiers du lieutenant général de police n'en
fassent aucune mention. Quant à ce qui est
des filles de théâtre, il était à même d'en cueillir
à profusion sans bourse délier et si nous n'en
connaissons que quelques-unes, c'est qu'elles
eurent un peu plus de durée, ou un peu plus

d'importance dans sa vie que les autres, ou bien encore qu'il se trouva en rivalité avec quelque seigneur de marque.

C'est ainsi que vers le milieu de l'année 1750, il était le préféré de Mlle Chaumart qui le recevait à toute heure, rue des Moineaux. Danseuse à l'Opéra, Mlle Chaumart, née à Marseille, avait débuté à Lyon ; puis, grâce à la bourse d'un Anglais, milord Hylde, elle s'aventura à Paris en 1752. Avec l'argent que lui laissa l'Anglais elle joua la femme de qualité en se retirant chez les filles de la Croix, rue de Vaugirard, où elle payait deux mille livres de pension sous le nom de Chamar, et se donnait comme fille de condition du Piémont. Dans ce sévère refuge elle édifia les religieuses par sa bonne tenue et corrompit son directeur, l'abbé Grisel, par des agaceries qui l'affolèrent. Prenant goût à la robe, elle s'enfuit un jour chez le chanoine Robert et fit son retour à la vie profane.

Entrée à l'Opéra en 1754, elle en était renvoyée en septembre et y rentrait en décembre, offrant pour cette faveur une tabatière d'or, d'un poids honnête, à Lany, maître des ballets, sans préjudice des privautés ordinaires [1].

La belle prestance de Vestris qui jouissait parmi les impures de l'époque de la réputation

1. ARSENAL. *Archives de la Bastille*, 10235. *Dossier Chaumart.*

la plus brillante [1], enflamma le cœur facilement combustible de Mlle Chaumart, comblée cependant par M. Gautier de Mondorge, trésorier triennal des écuries et livrées du Roi. Le premier régnait par l'amour, le second par l'argent, et lorsque ce dernier, que Mlle Chaumart appelait son « trésorier », venait rendre visite à sa belle, s'il troublait un doux entretien, la danseuse faisait disparaître son danseur dans une « chambre à côté ». L'adresse de la ballerine à dissimuler son greluchon réussit pendant une huitaine de mois durant lesquels M. de Mondorge n'eut aucun soupçon; mais tant va la cruche à l'eau... un beau jour, le trésorier constata amèrement la duplicité de sa maîtresse en surprenant son adjoint. Beau joueur, Mondorge ne voulut pas quitter chichement son amante. Pour l'honneur, dit-on, comme ceci se passait au commencement de 1757, il ne la laissa qu'après lui avoir donné ses étrennes et payé un mois d'avance [2].

Vestris, tout en continuant ses relations avec Mlle Chaumart, chassait alors un nouveau gibier qui allait avoir une influence considérable sur sa destinée, non par la passion que lui inspirait celle qu'il convoitait, mais par ses conséquences,

1. *Le vol plus haut*, 1784, in-8.
2. ARSENAL. *Archives de la Bastille*, 10235, f° 303, v° 309.

par le fruit que ce caprice allait produire.

Il se pourrait que ce fût chez Mlle Chaumart qu'eut lieu la connaissance de Gaétan et de Mlle Allard; on peut supposer, en effet, que maîtresse d'un ancien amant de la danseuse, M. Lamarche, riche fabricant de Lyon, Mlle Allard, à peine débarquée dans la capitale, danseuse elle-même dans cette ville, ait été recommandée à l'artiste en place ; peut-être aussi la postulante voulut-elle se perfectionner en prenant chez Vestris des leçons qu'elle paya en amour. Finalement Gaétan, amadoué par la nouvelle venue, sacrifia Mlle Chaumart et daigna se consacrer quelque temps à l'éducation de la jeune provinciale, qui, à son arrivée à Paris, avait pris place dans le corps de ballet de la Comédie-Française.

Marie Allard était née à Marseille le 14 août 1742, de gens peu fortunés [1]. On prétend que, comme l'enfant parut formée de bonne heure, ses parents bénéficièrent de sa joliesse et tirèrent cinquante louis de la déchirure virginale. Peu après la fillette entrait à la Comédie de Marseille et un nommé Vacquier, fils d'un ri-

1. Marie Allard, fille de Pierre et de Catherine Feuillet, mariés, est née et a été baptisée dans cette paroisse, le 14 août 1742. Son parrain a été Jean-Barthélemy Priou et la marraine demoiselle Catherine Coste (Extrait des registres de l'église paroissiale de Saint-Ferréol de Marseille). (ARCHIVES NATIONALES, O¹666. Cf. CAMPARDON. *L'Opéra au XVIIIe Siècle*, 1884, in-8°.)

che négociant du pays, se chargea des frais encore bien minces de Mlle Allard. Vers ce moment la mère Allard mourut et la jeune fille, peu soucieuse de rester avec un père pas trop recommandable, partit à Lyon. Dans cette ville, Mlle Destouches, directrice du Théâtre, l'engagea dans sa troupe, et pour ses rubans, Mlle Allard se livra au sieur Lamarche, célèbre par les extravagances que lui avait fait faire Mlle Chaumart. Cette union produisit, parait-il, un enfant, assertion douteuse vu la jeunesse de Marie et dont il ne reste aucune trace.

Quoique son amant ne lui laissât rien à désirer, qu'elle fût décorée du titre et des appointements de première danseuse, Mlle Allard s'ennuyant à Lyon vint tenter fortune à Paris, vers le mois d'août 1756, où, peu de jours après, elle entrait à la Comédie. C'était alors une belle fille, de petite taille, bien faite, alerte, au visage rond, aux yeux vifs, de peu de gorge, plus maigre que grasse, paraissant vingt et même vingt-un ans, bien qu'elle n'en eût que quatorze. A peine sur les planches elle traita avec le marquis de Villepinte pour cinq cents livres par mois. Villepinte jouissait d'une fortune problématique, tirée en grande partie du jeu et aussi de la reconnaissance d'une ancienne maîtresse, la comtesse de Peyre, vieille médaille, retirée depuis deux ans dans ses terres en Auvergne.

Néanmoins le Marquis vivait grandement. Superbement logé au Luxembourg, ayant deux cabriolets et un carrosse, deux laquais et un valet de chambre, il faisait grande dépense [1].

Six mois après, Mlle Allard s'accommodait avec M. Bertin, trésorier des parties casuelles, pour quelques infidélités que celui-ci voulait faire à Mlle Hus, actrice de la Comédie-Française, en faveur de la jeune danseuse. Allumé par la jolie frimousse de Mlle Allard, il lui meubla, au prix de dix mille livres, un bel appartement avec six pièces de plain-pied, rue des Prouvaires, au second, sur le devant. Cette passade lui coûtait plus de vingt mille livres.

Sa générosité affectait bien plus Mlle Hus que ses infidélités ; elle savait revoir son amant à ses pieds, tandis que l'argent était perdu pour elle sans retour.

Comme pis aller, Mlle Allard avait encore le duc de Montmorency, dont la fortune ne répondait pas à l'éclat de son nom ; pour obtenir les bonnes grâces de la danseuse il dut se livrer à toutes sortes de manœuvres afin de se procurer une somme rondelette, sans laquelle toute proposition de sa part était inutile.

---

1. ARSENAL. *Archives de la Bastille*, 10235. *Dossier Allard.* Mlle Allard logea d'abord rue des Moulins, puis, en décembre 1756, rue des Prouvaires, à gauche, en entrant par la rue Saint-Honoré (*id.*).

Il eut recours aux prèteuses sur gages pour emprunter sur une magnifique paire de boucles de souliers d'une valeur de douze mille livres. Une revendeuse à la toilette, la Burlion, se chargea de la négociation ; elle en tira quatre mille livres à un orfèvre joaillier du Pont-au-Change, nommé Dessemet. Muni de ce pécune, le Duc préleva cinquante louis, épingles qui lui donnèrent le droit de pénétrer dans l'alcôve de Mlle Allard [1]. Plus heureux, Vestris sut plaire pour lui-même ; la danseuse lui accorda gratuitement ses grandes et petites entrées. Ils vécurent quelque temps quasi-maritalement ; le caractère gai et la nature remuante de l'une s'harmonisaient avec le bavardage et la verve de l'autre ; ils s'accordaient si bien qu'une grossesse s'ensuivit, reconnue et acceptée de part et d'autre. Pendant son état de gestation, Mlle Allard ne perdit rien de sa bonne humeur ; dès qu'elle sentit les premiers mouvements du petit être, elle dit fort plaisamment à Vestris : « — Je sens ton fils ou ta fille qui répète dans mon ventre un pas de ballet [2]. »

La danseuse fut délivrée, pendant une absence de Gaétan, sans doute en représentations hors Paris, le 27 mars 1760 ; elle accoucha d'un fils, qu'on baptisa le même jour sous les noms

1. ARSENAL. *Archives de la Bastille*, 10235. *Dossier Allard.*
2. *Le vol plus haut*, 1784, in-8°:

de Marie-Jean-Augustin Vestris. Il eut pour parrain un de ses oncles, Jean-Baptiste Vestris, et pour marraine une camarade de la mère, Mlle Marguerite Thevenet [1]. Chose curieuse, l'acte de baptême précise Mlle Allard *épouse* de Vestris, bien qu'aucun sacrement n'eût béni cette union.

Affirmer que Gaétan ait seul contribué à la naissance de ce rejeton serait peut-être trop hasarder, quoiqu'il n'existe pas de document pour signaler l'intrusion d'un second dans les faveurs de Mlle Allard pendant les années 1758-1760, si ce n'est la boutade de Dauberval, danseur de l'Opéra, qui s'écria lors des débuts du jeune Vestris : « — Quel talent ! c'est le fils de Vestris, et ce n'est pas le mien ! Hélas ! je ne l'ai manqué que d'un quart d'heure [2]. » Meusnier, l'inspecteur si renseigné et si indiscret sur les amours de ses contemporains, est disparu et les papiers de son successeur Marais sont bien incomplets jusqu'en 1760.

Aussi ne rencontrons-nous sur cet événement qu'une amusante facétie rimée par La Chabeaussière bien après la naissance du fils Vestris :

1. Archives nationales, O^1688 (Extrait des registres de baptême de Saint-Leu, Saint-Gilles). Cf. Compardon. *L'Opéra au XVIIIe Siècle*, 1884, in-8°.

2. *Correspondance de Grimm, Diderot, Mesleir, etc...*

Allard cette vive danseuse,
Que le soir nous applaudissons
Pour sa grâce libidineuse,
La nuit, avec maints polissons,
De l'Arétin suit les leçons,
Comme une intrépide jouteuse.
Elle se coiffe tous les jours
Avec des plumes, la bergère,
Pour nous montrer qu'elle est légère,
Comme au théâtre, en ses amours.
Mais enfin elle est compromise,
Cette aimable légèreté.
Au flacon de la volupté,
Bien peu qui boivent et ne se grisent ;
C'est la taille qui s'épaissit,
La jupe qui se raccourcit,
Le petit nénet qui se hisse
Au-dessus du maudit corset,
Qui si doucement le pressait,
Et qu'il faut que l'on élargisse,
Tant il absorbe de lacet !
On ne danse plus, mais on glisse...
Enfin, tout prouve, comme on dit,
Que sur le devant on bâtit :
Or il n'est qu'un fou qui bâtisse.
La pauvrette se désolait,
Et sœur Arnould la consolait :
« Quoi ! faut-il qu'on se désespère,
Pour si peu ! L'enfant de son père
Tiendra sans doute un sort heureux.
Voyons, quel est-il ? — Las ! ma chère,
   Ce sont eux !... » [1]

_____

1. *Anthologie satyrique*, 1876, in-12, tome I, p. 135.

C'est alors, après ses couches, que Mlle Allard devient la maîtresse de Bontems, valet de chambre du Roi, gouverneur du château des Tuileries, lequel, pour agrémenter le jardin où l'on n'avait à choisir pour se reposer que des bancs de bois ou « le tapis moelleux qu'offrait un vert gazon », afferma quatre mille chaises au profit de Mlle Allard [1], qui reconnaissante pleurera sa mort en 1766 et refusera de jouer pendant six semaines en signe de deuil [2]. Mais Bontems était un piètre jouteur en amour pour la jeunesse brûlante de la danseuse ; il eut des « sous-ordres » en quantité et de qualité.

Le 19 juin 1761 Mlle Allard débutait à l'Opéra et se mettait de suite en relief par la gaîté de sa danse en exécutant de joyeux rigaudons, des gavottes agréables, des tambourins sautillants et cadencés, des loures aux mouvements marqués et des gargouillades étourdissantes mêlées d'écarts, de tournoiements et de pirouettes sur un seul pied. Un contemporain dit d'elle qu'elle inspirait la joie dès son entrée en scène et que ce sentiment ne faisait aucun tort à l'admiration que méritait son talent [3].

Cette danse enjouée ne manqua pas de lui

1. Funck-Brentano. *Les nouvellistes*, 1905, in-8, p. 172. Tourneux. *Les promenades à la mode.*
2. Compardon. *L'Opéra au XVIIIe siècle*, 1884, in-8.
3. Compardon. *L'Opéra au XVIIIe siècle*, 1884, in-8.

attirer nombre de soupirants. Elle céda d'abord au chevalier de Luxembourg. En son honneur, elle se fait peindre en miniature à moitié nue « pour ranimer un peu ses feux qui commencent à s'éteindre ; mais le peintre la dédommage », ajoute Marais qui relate ce fait [1]. Elle eut ensuite un généreux et fervent adorateur en la personne de Louis-Marie-Guy d'Aumont, duc de Mazarin, qu'elle trompait, pour payer des créanciers trop féroces, sans remords, car elle vendait cher ses complaisances si l'on en croit cette note :

2 *octobre* 1762. — Il est certain que la demoiselle Allard, l'une des premières danseuses de l'Opéra, ayant donné dans l'œil de M. Cramayel, fermier général, en a tiré trente mille livres argent comptant pour trois séances à l'insu du duc de Mazarin. Cela a très bien arrangé les affaires de cette demoiselle qui ne laissait pas que de devoir et qui a tout acquité. On assure que le financier, quoiqu'il payât fort bien, a encore pris beaucoup de mesures pour que le duc ne se méfiât de rien [2].

Le duc aurait-il eu l'audace d'être jaloux ? Cela se pourrait fort bien puisqu'un beau jour

---

1. *Revue rétrospective*, 1833 n. 8, p. 443. Les premiers rapports de Marais ne sont pas datés sur le manuscrit et c'est à tort qu'on a placé cette anecdote à la date 1759.
2. LARCHEY. *Journal des Inspecteurs de M. de Sartines*, 1863, n. 18, p. 205.

on le trouva étendu, le corps à moitié rompu, la tête ouverte et la rotule démise au bas de l'escalier de sa maîtresse. La cause de cet accident est encore assez mystérieuse; on l'attribua d'abord à une chute malheureuse ; mais la jalousie provoquée par la protection qu'accordait le duc à Mlle Allard, fit répandre par ses camarades mille propos méchants. On disait qu'un rival s'était trouvé là juste à point pour faire essuyer au malheureux Mazarin un traitement peu digne d'un personnage qualifié ; on citait même des noms, et on racontait qu'il avait été jeté par la fenêtre, victime du comte de la Marche, fils du prince de Conti [1].

La vérité paraît être que le duc de Mazarin est tombé de lui-même dans l'escalier, puisque le 20 mai 1763 Marais raconte :

M. le duc de Mazarin, depuis son accident, s'est montré hier pour la première fois à la Comédie-Italienne. La demoiselle Allard, sa maîtresse, l'avait prévenu de quelques instants. Elle était mise avec le goût le plus élégant, et jamais elle n'a paru plus aimable. Elle était placée à la sixième loge du côté de la reine et paraissait un peu inquiète. Mais aussitôt que le duc a paru à la porte de l'amphithéâtre, on l'a vue prendre un air riant et tourner sur lui des regards où toute la volupté était peinte. Le duc lui a répondu

---

1. CARNET HISTORIQUE ET LITTÉRAIRE. *Nouvelles à la main*, 1898, tome I, p. 75.

d'un air plein de langueur et il m'a semblé que le public goûtait assez l'énergie de cette scène muette. Reste à savoir si elle était sincère[1].

Elle était tellement sincère que le 8 juin 1763 M. de Mazarin faisait en son hôtel, rue de Bourbon, paroisse Saint-Sulpice, devant notaire, une donation de trois mille livres en rente viagère à Mlle Allard [2].

Il eût fallu que l'amour du duc fût bien tenace pour avantager de la sorte une femme qui aurait failli lui coûter la vie par son infidélité.

Cependant M. de Mazarin avait une épouse réputée comme l'une des plus belles femmes de la Cour et aussi des plus aimantes, dont les succès galants alimentaient la chronique scandaleuse qui révèle comment elle employait son temps, tandis que son mari souffrait encore de sa malencontreuse culbute.

Jeudi matin, 5 *mai* 1763. — L'archevêque de Lyon, Antoine de Malvin de Montazet, et Mme la duchesse de Mazarin dont les amours sont en quelque sorte publiques ont été, un de ces jours derniers, se baigner chez Poitevin, au-dessus du Pont-Royal ; l'un et l'autre étoient déguisés ; Mme de Mazarin en habit

1. LARCHEY. *Journal des Inspecteurs de M. de Sartines*, 1863, in-12.

2. ARCHIVES NATIONALES, Y 404. Cf. CAMPARDON. *L'Opéra au XVIIIe siècle*, 1884, in-8.

d'homme, il n'étoit pas possible de la reconnaître, d'ailleurs c'était sur la brune ; ils sont entrés dans une chambre à deux baignoires. A côté d'eux se baignait M. de Richelieu, qui, sur quelques propos qu'il a entendus, a prêté l'oreille davantage ; il a cru reconnaître Mme de Mazarin ; il a cherché et trouvé une fente dans la cloison par laquelle il a vu de ses propres yeux que c'étoit elle-même. Il n'en a pas moins distingué M. de Montazet. Cette scène a été fort intéressante pour M. le Maréchal..., enfin, le prélat s'est mis dans la baignoire de Mme de Mazarin, et a voulu brûler au milieu des eaux et lui prouver son amour. Lorsqu'il était sur le point d'arriver au fait, le maréchal de Richelieu s'est mis à chanter une chanson gaillarde qui a troublé nos amants ; l'archevêque est sorti de la baignoire de la nymphe, furieux de n'avoir pu exécuter son projet [1].

Il est bon de dire que, mariée en 1747 à l'âge de douze ans avec le fils du duc d'Aumont qui n'en avait que quinze, la duchesse de Mazarin vivait séparée de son mari, ce qui excuse un peu la légèreté de sa conduite et aussi sa bibliothèque plus que licencieuse [2].

1. *Le Carnet historique et littéraire*, 1898, tome I, p. 75, *Nouvelles à la main.*

2. Louise-Jeanne de Durfort-Duras, née le 1er septembre 1735, mariée le 2 décembre 1747, apporta en dot le duché de Mazarin. Elle mourut le 17 mars 1781, de son amour pour les plaisirs dit l'un, de son corset trop serré dit Metra. (*Intermédiaire des chercheurs et des curieux*, 1906.)

Les prouesses de sa femme ne touchaient pas autant le duc que les infidélités de Mlle Allard qui ne se privait pas non plus de voir Vestris et d'autres encore, et dont le dévergondage était si populaire qu'un seigneur allemand, fort riche, en sus de ses hommages payants offrit par écrit de l'épouser. Sur son refus réitéré il lui écrivit une dernière lettre dans laquelle : « il lui témoigne ses regrets et sa honte, il lui déclare qu'il ne voit d'autre parti à prendre qu'à se brûler la cervelle, mais qu'il ira la lui brûler avant. » Justement effrayée d'une pareille passion, Mlle Allard prévint le lieutenant de police qui la rassura en lui promettant de veiller sur elle [1].

En ce moment Mlle Allard traitait avec le prince de Conti alléché par le renom de « lubricité de la danseuse ». Il espérait qu'elle éveillerait de ses raffinements ses sens blasés et divertirait sa couche. Elle obtint du prince douze mille livres de rente [2] sans se libérer de ses autres amants : le chevalier de Launay pour le plaisir, le duc de Mazarin en vieil abonné et Vestris comme habitude, de loin en loin. Bien que l'obésité commençât à épaissir les charmes de la danseuse, elle n'en était ni moins pétulante,

---

1. *Mémoires secrets*, tome III (16 août 1767).
2. Bibliothèque nationale. *Manuscrits français*, 11360, f. 324.

ni moins gaie ; avec Mlle Peslin elle faisait la joie de l'Opéra ; « c'étaient, dit Mme Vigée-Lebrun, deux danseuses du genre qu'on appelle grotesque en Italie. Elles faisaient des tours de force, des pirouettes sans fins et sans charmes ; mais toutes deux, bien qu'elles fussent très grosses, étaient vraiment surprenantes par leur agilité, Mlle Allard surtout [1]. »

Si les deux replètes commères paraissaient presque toujours ensemble avec un égal succès, il y avait parfois entre elles des prises de bec finissant par des prises plus violentes. Un de ces litiges se termina sur la scène même : « Mlle Allard ayant eu de grosses paroles avec Mlle Peslin, sa rivale pour la danse, a imaginé dans un ballet bouffon de lui détacher quelques coups de pied assez adroitement pour ne pas être vue par le public. Peslin n'ayant pas eu l'adresse de les lui rendre, a riposté d'une croquignole, à poing fermé, qui a indigné tous les spectateurs [2]. »

A partir de 1774 Mlle Allard parut moins souvent sur la scène ; son embonpoint commençait à devenir un obstacle sérieux, néanmoins on la voyait toujours avec plaisir [3] et en 1781 le

1. Mme Vigée-Lebrun. *Mémoires*, 1835, n. 8, tome I, p. 123.
2. Theveneau de Morande. *Le philosophe cynique*, 1771, in-8, p. 30.
3. *Mémoires secrets*, tome IX (22 janvier 1776).

Roi lui accorde quinze cents livres de pension et cinq cents livres de gratification comme danseuse des ballets de la Cour [1]. Enfin l'année suivante M. Amelot écrit à M. de la Ferté, intendant des Menus :

> Quant aux demoiselles Allard et Pelin je crois que rien ne doit nous arrêter pour leur accorder leur retraite. La première est réellement devenue désagréable au public [2].

Ainsi fut fait. La lettre d'Amelot est du 5 avril; à la rentrée de Pâques, Mlle Allard se retirait de l'Académie royale de musique avec deux mille livres de pension[3]. Les *Mémoires secrets* ne sont pas aimables pour celle qui avait longtemps fait la joie des amateurs de la danse et de l'amour :

> Grosse, courte et vieille, disent-ils, elle n'auroit pas dû attendre ce renvoi honteux. Cependant après avoir fait longtemps les délices du public et ne se montrant pas même encore sans exciter les applaudissements, elle méritoit d'être ménagée davantage. On a pris prétexte, qu'il falloit laisser prendre leur essor aux jeunes talens [4].

Mlle Allard quittait l'Opéra âgée de quarante ans, victime de son persistant embonpoint. Depuis

---

1. ARCHIVES NATIONALES, 0¹615.
2. ARCHIVES NATIONALES, 0¹615.
3. COMPARDON. *L'Opéra au XVIII° siècle*, 1884, in-8.
4. *Mémoires secrets*, tome XVII (9 mai 1781).

elle vécut sans bruit, ayant pour ressources sa pension et une rente que lui avait laissée le prince de Conti. La vexante infirmité dont elle était affligée s'accrut encore par le repos. Elle devait causer sa perte. Le 14 janvier 1802, Mlle Allard mourait subitement, dans son logis de la rue Nationale n° 52, frappée « d'un coup de sang ou apoplexie foudroyante [1] ».

1. ARCHIVES DE LA SEINE, *Reconstitution des actes de l'état civil de Paris.*

CHAPITRE VIII

LE DIOU DE LA DANSE

Succès de Gaétan et de Thérèse. — Vestris surnommé le *Diou de la danse*. — Sa vanité. — Ses énormes reparties. — Curieuse méprise. — Injuste accusation. — Mme Razetti. — Les infortunes de M. de La Ferté.—Difficultés de l'intendant des Menus avec Vestris. — Retraite de Thérèse.

La vie publique de Vestris prenait une importance tous les jours plus grande. Son nom se répandait dans les gazettes où on le couvrait de fleurs. Le *Mercure*, un moment brouillé avec l'administration de l'Opéra, avait suspendu ses critiques, qu'il reprit sitôt que Rebel et Francœur furent remis pour la seconde fois à la tête de ce théâtre. Vestris et sa sœur purent alors y lire couramment de courtois éloges et d'amicaux encouragements à leur adresse ; c'est à l'occasion des *Emprises de l'amour*, ballet-opéra de Bernard, que prélude ce concert de louanges.

Dans ce spectacle, joué le 31 mai 1757, le deuxième acte se terminait par un ballet figuré. On
y voyait Diane, conduite par l'Amour, descendre
du ciel pour rejoindre Endimion.

Ces deux personnages, dit le *Mercure*, sont représentés par M. et Mlle Vestris, qui exécutent ce
pas avec toutes les grâces et toute la volupté qu'il
demande et que la musique inspire. On ne peut pas
mieux jouer la danse. Leur départ avec l'Amour dans
un char qui les enlève au ciel, forme le tableau le
plus séduisant et laisse dans l'âme des spectateurs
une impression de plaisir qui leur arrache un applaudissement unanime [1].

Le feu d'artifice continue ensuite pour tous
les opéras agrémentés de danses ; on s'extasie
sur le pas figuré, « d'un goût, d'une expression,
d'une grâce et d'un accord qui charment », dansé
par Vestris et sa sœur dans les *Amours des
Dieux* ; Gaétan ne brille pas moins dans le dernier acte où il danse seul ; « on peut dire sans
flatterie qu'il en fait les honneurs [2] ».

L'année suivante on se pâme quand Mlle Vestris danse seule le ballet d'*Alceste*, « avec toute
l'expression du plaisir ou de la volupté qui la
caractérise » ; quand Vestris mettant « le com-

1. *Mercure de France*, juin 1757.
2. *Mercure de France*, octobre 1757.

ble aux plaisirs des spectateurs [1] », paraît toujours « avec plus d'aisance et de noblesse [2] », « de légèreté et de précision [3] ».

Et le *Mercure* n'est pas seul à encenser les Italiens. Un autre journal, *La Feuille nécessaire*, imprime généreusement après une représentation d'*Amadis* :

« Mlle Vestris danse cette entrée, qui exige les talens de la pantomime galante et raisonnée. Dans quel tems auroit-on pu rencontrer un sujet plus convenable à cette action ? Et quelle action convient mieux à ce sujet ?

« Le sieur Vestris embellit le spectacle des ballets de cet opéra ; il triomphe de l'indifférence de ceux qui sont moins affectés des perfections de la danse, uniquement renfermés, dans les règles. On doit convenir qu'il a adopté un genre si analogue aux grandes idées, et à l'espèce d'enchantement propres au théâtre, qu'il occupe et remplit l'attention au point de faire illusion ; on voit dans ses pas seuls une espèce d'action complète et si bien mariée au spectacle que sa privation le rendrait imparfait [4]. »

Ah! on ne marchande plus les éloges aux Ves-

1. *Mercure de France*, janvier 1758.
2. *Mercure de France*, décembre 1758.
3. *Mercure de France*, juin 1760.
4. *La Feuille nécessaire*, 19 novembre 1759.

tris ! Thérèse figure-t-elle une rose dans le ballet des *Fleurs* des Indes Galantes de Rameau :

La Rose est rendue avec cette expression voluptueuse, cette intelligente pantomime qui distinguent et caractérisent le genre de sa danse.

A l'égard de Gaétan qui représente *Borée:*

Il fait admirer également le brillant de ses pas, la justesse de ses positions, et le génie pittoresque de sa danse [1].

Le voilà donc traité de génial, et aux débuts de Mlle Allard on complimente le nouveau couple :

Dans la chaconne où M. Vestris est admirable avec tant de justice, Mlle Allard qui a beaucoup d'expression dans la figure, forme avec lui un tableau très agréable et qui fait le plus grand plaisir [2].

Pendant le courant de cette année 1761, Vestris est adjoint à Lany en qualité de maître et compositeur des ballets, et Gaétan, bien en possession de son art, s'efforce d'embellir son jeu ; il rompt avec les vieilles traditions. On le remarque, on le signale et on l'applaudit, notamment dans *Armide,* de Quinault et Lully :

1. *Le Mercure de France,* août 1761.
2. *Le Mercure de France,* septembre 1761.

On ne sauroit donner trop d'éloges à M. et Mlle Vestris dans leur pas de deux pour l'enchantement de
Renaud. Jusqu'alors, par le plus absurde des contre-
sens, les meilleurs danseurs et danseuses paroissoient
ne danser que pour s'enchanter mutuellement et pour
mendier des applaudissemens au parterre, en lui
adressant leurs actions les plus séduisantes ; au contraire dans ce pas de deux, M. et Mlle Vestris ne per-
dent jamais de vue le lit où repose Renaud. Tout ce
que leur scène pantomime a d'agréable et de voluptueux est dirigé sur cet objet. S'ils s'en éloignent de
temps en temps, ce n'est que pour se consulter, se
communiquer de nouveaux charmes, ainsi l'illusion
est entière, leurs talens méritent toutes nos louanges ; mais nous croyons en devoir encore de plus
distingués au sentiment de goût qui leur a fait sacrifier les applaudissemens de la multidude à la noble émulation d'en mériter de plus flatteurs et d'in-
troduire le raisonnement dans cet agréable talent [1].

Thérèse, qui ne perd rien de ses charmes,
sait surtout exciter les sens de spectateurs ; les
Mémoires secrets le constatent.

Mlle Vestris, disent-ils, est toujours en possession
de la danse voluptueuse et même lascive : c'est ce
que lui reprocheront sans cesse les défenseurs des
mœurs ; et c'est un défaut qu'ils lui pardonneront
intérieurement, tant que le physique aura quelque
empire sur eux [2].

1. *Mercure de France*, décembre 1761.
2. *Mémoires secrets*, tome I (8 janvier 1762).

Gaétan mérite réellement les félicitations et les suffrages qu'on lui décerne ; et comme lui et les siens sont loin d'être discrets et modestes, Vestris devient populaire. Pour le désigner on disait « l'homme à la belle jambe » quand son frère Jean-Baptiste, celui qu'on appelait le cuisinier de la famille, eut un soir au parterre, car tous les Vestris allaient soutenir de leurs applaudissements ceux des leurs qui affrontaient le public, l'heureuse inspiration de s'écrier en son jargon dans une acclamation fraternelle : « C'est le diou de la danse. »

Le mot circula dans la salle, se répandit dans la ville ; pour tous Vestris, fut le *Diou de la danse*, appellation dans laquelle il rentrait autant d'hommage que d'ironie ; mais sa vanité s'y complaisait ; n'y entendant que de l'admiration, il trouvait juste d'être porté au rang des dieux. Parfait d'ailleurs, rempli d'élégance, il avait une grâce sans pareille pour ôter et remettre son chapeau, en détaillant le salut qui précède le menuet. Toutes les femmes enviaient son aisance et son exquise distinction ; aussi les dames de la Cour, avant leur présentation au Roi ou à la Reine, ne manquaient-elles pas de prendre des leçons de Vestris pour travailler les trois révérences obligatoires et si importantes [1].

---

1. *Mémoires de M*ᵐᵉ *Vigée-Lebrun*, tome I, p. 90.

Enivré de cet engouement pour sa personne, Vestris, gonflé d'orgueil, plus impertinent que jamais, levait la crête, rempli d'une ridicule suffisance. Ainsi un jour qu'il avait été applaudi avec transport, il donna majestueusement sa jambe à baiser à un jeune élève qui lui exprimait son admiration. Il ne craignait pas de dire ostensiblement : « Il n'y a que trois grands hommes en Europe, le roi de Prusse, M. de Voltaire et moi. » Encore faut-il louer ici l'excès de pudeur qui le fait se nommer en dernier. La phrase resta et est mentionnée dans tous les recueils de l'époque.

Gaétan aimait son métier et le plaçait sans vergogne au-dessus de tout autre ; il se plaisait à en signaler les difficultés, et à quelqu'un qui le louait sur le bonheur d'obtenir un pareil triomphe auprès du public, il répondait avec sa fatuité habituelle : « Ah ! croyez que tout n'est pas rose dans mon état. En vérité, il est des moments où je préférerais celui de simple capitaine de cavalerie au mien » ; et il pirouettait, satisfait de cette énormité si l'on songe qu'à cette époque les plus grands seigneurs tenaient à honneur d'obtenir une compagnie [1].

Une autre fois, comme il se promenait au Palais-Royal un jour où la foule était un peu dense,

1. DUGAST DE BOIS SAINT-JUST. *Paris, Versailles, et les provinces*, 1811 in-8, tome I, p. 131.

une dame en compagnie de son mari lui marche par mégarde sur le pied ; elle se retourne pour s'excuser et par politesse lui demande si elle lui a fait mal.

— Non, madame, répond amèrement Vestris, mais vous avez failli mettre tout Paris en deuil pendant quinze jours.

— Ah! s'écrie son mari, c'est Vestris!

— Vous ne le saviez pas, monsieur, fit le danseur superbe, mais madame votre épouse le savait bien, elle [1].

Tel un paon qui déploie complaisamment son magnifique plumage et goûte avec délices l'admiration qu'il provoque, l'agréable danseur ne se ménageait pas. Lorsqu'il surgissait des coulisses, léger comme un sylphe pour émerveiller le public, tout disparaissait autour de lui. Comme certains s'écoutent parler, Vestris se regardait danser. Ceci donna lieu à une scène amusante. Un soir que le duc de Bourbon paraissait dans sa loge, tandis que Gaétan raffinait quelque passacaille ou quelque menuet, le prince, qui était très estimé, fut l'objet d'une ovation. Vestris prenant pour lui les battements de mains redoubla ses efforts d'une manière si marquée que le public

1. *Mémoires de la baronne Oberkich*, 1853, in-8, tome II, p. 105.

vit de suite sa méprise et s'égaya beaucoup quand le danseur, entraîné par son zèle, continua ses pirouettes après que les violons eurent cessé [1].

Adulé de toutes les femmes, jalouses d'obtenir ses faveurs, le diou de la danse est cependant accusé vers cette époque de céder au vice de son pays. « Se livrant par-ci par-là à la coutume, il s'associa avec le sieur Monvel. Initié dans les mystères les plus secrets de ce fameux b..., sa renommée devint éclatante, et il ne tarda pas à épuiser ce qu'il y avait de jeunes prosélytes à Paris [2]. »

Ne cherchons pas à approfondir ce racontar; il n'a pas plus d'écho que celui qui l'accusait d'être l'amant de sa sœur Thérèse. Sachons seulement que tout en continuant ses passades occasionnelles avec Mlle Allard, Gaétan jetait çà et là son mouchoir.

Le 7 juin 1762, il cède aux tendres regards de Mme Razetti et : « ce jour-là, Vestris, danseur à l'Opéra, a été coucher avec Mme Razetti, qui demeure à la Chaussée d'Antin, et qui est entretenue par M. de La Ferté, intendant des Menus [3]. » L'élue passagère sur laquelle se posa le

1. La Harpe. *Correspondance littéraire*, 1807, in-8, tome II p. 222.

2. *Le Vol plus haut*, 1784, in-8.

3. Larchey. *Journal des Inspecteurs de M. de Sartines*, 1863, in-12, p. 143.

papillon Vestris, était la femme d'un musicien de l'Opéra et aussi de la musique et de la chambre du Roi. Occupé à prodiguer les flonflons de son violon, le sieur Razetti faisait abandon de ses droits conjugaux exercés par M. Papillon de La Ferté [1].

En homme de précaution, l'intendant des Menus, qui voulait avoir la certitude de trouver toujours une femme prète à ses caprices lorsque l'ardillon des désirs piquait sa chair, entretenait aussi une danseuse de la Comédie-Italienne, Mlle Lafont. Trompeuse assurance. Le dimanche de la Trinité de cette année 1762, M. de La Ferté, étant d'humeur gaillarde, se dirigea d'abord chez Mlle Lafont.

Il fut très surpris, en ouvrant les rideaux du lit, d'y trouver le sieur Saimson, mousquetaire noir. Il s'achemina en de tristes pensées chez Mlle Razetti. Il eut le chagrin d'y trouver le comte de Belozinski qui finissait sa toilette [2].

Et M. de La Ferté put méditer sur la frivolité des femmes. Qu'eût-il pensé s'il avait su que Vestris figurait en troisième, à titre de « farfadet », expression qui équivaut aujourd'hui à

---

1. CASANOVA. *Mémoires*, 1863, in-12, tome V, p. 172. *Mémoires secrets*, tome XXIV (2 septembre 1772).

2. LARCHEY. *Journal des Inspecteurs de M. de Sartines*, 1866 in-12, p. 148.

celle « d'amant de cœur », et qu'il succéderait bientôt au mousquetaire noir dans le lit de Mlle Lafont [1] Vestris pour le consoler aurait pu lui dire ce qu'il répondit à un danseur italien trompé par sa jeune femme :

Et puis vois-tou, mon ami, dans notre état les cournes c'est comme les dents ; quand elles poussent cela fait un mal dou diavolo... pou à pou on s'accoutume, et pouis... et pouis... on finit par manger avec [2].

Mais en sa qualité d'intendant des Menus, M. de La Ferté était un homme à ménager ; il s'occupait activement de la partie administrative de l'Opéra, étant l'intermédiaire entre les directeurs et le ministre du roi, et soit soupçon, soit pressentiment de sa part, Vestris n'avait pas toute sa sympathie. En 1763, le feu ayant détruit la salle de l'Opéra au Palais-Royal, La Ferté s'ingéniait à trouver un autre local pour installer l'Académie royale de musique. Dans son journal, il note:

Dimanche 10 avril. — Je ne m'attendais pas, que, outre beaucoup de courses et d'embarras que m'ont occasionnés les nouvelles et ridicules prétentions des danseurs de l'Opéra, et surtout celles du sieur Ves-

1. PITON. Paris sous Louis XV, 1906, in-12, p. 64.
2. Mémoires de Mme de Boigne, tome II, p. 18.

tris, l'incendie de l'Opéra deviendrait pour moi la cause d'un surcroît de travail [1].

Selon son habitude, Vestris cherchait à mettre à profit pour lui et les siens cette sinistre circonstance. L'intendant qui avait à organiser les ballets du roi à Versailles se plaint à messieurs les Premiers gentilshommes de la Chambre et au Ministre des prix excessifs « que le sieur Vestris et les demoiselles Vestris et Allard mettaient à faire jouir la Cour de leurs talents », ambition que le Conseil trouva de la plus grande insolence. M. de Saint-Florentin, ministre du Roi, devant cette mutinerie que suivit le corps de ballet tout entier, fit appeler les danseurs et danseuses et leur parla « avec beaucoup de fermeté », ce qui influença les artistes plus timides, sans soumettre les trois promoteurs. Pour venir à bout de ces mauvaises volontés, le ministre dut faire annuler l'état des appointements et payer les sujets chaque fois qu'il en aurait besoin en menaçant de punir sévèrement ceux qui refuseraient et leur concours et ces conditions. La résistance n'en continua pas moins, bien qu'on eût installé provisoirement l'Opéra aux Tuileries.

Vestris raisonneur et chicanier tourmentait continuellement La Ferté. L'année suivante

1. BOYSSE. *Journal de La Ferté*, 1884, in-8, p. 112.

l'intendant en rend compte au maréchal de
Richelieu et lui faisant part des difficultés que
fait sans cesse le sieur Vestris, « qui n'est jamais
content de son sort et qui ne fait qu'ameuter
les sujets ». Pour les représentations à Fontainebleau, c'est encore un objet de réclamation
de la part de Gaétan. « Il fait beaucoup de bruit,
il prétend être voituré et logé d'une manière
plus distinguée que ses camarades. » M. de La
Ferté le qualifie de chef de meute et rapporte
qu'il a été obligé de sévir un peu contre lui.
Mais rien ne pouvait corriger cet intraitable
pensionnaire, et ses incartades sans cesse renou-
velées lui valurent d'être rayé des contrôles
de l'Académie royale de musique en 1767 [1].

Sa sœur Thérèse avait abandonné définitivement l'Opéra l'année précédente.

---

1. Boysse. *Journal de La Ferté*, 1884, in-8° pp. 142, 147.

CHAPITRE IX

PROUESSES GALANTES

Une famille bien unie. — Violante ne fait pas crédit. — Le quatuor de Thérèse. — Le Vénitien agréablement servi. — Mlle Rey et sa famille. — Mlle Adélaïde aime Gaétan.

Le bon accord familial qui unissait la famille Vestris en une touchante harmonie ne se démentit jamais ; le temps n'usa ni l'affection, ni l'intimité des divers membres de la tribu installée à Paris. Si les voyages les séparaient parfois, toujours ils se retrouvaient avec la même joie et reprenaient la main dans la main la lutte pour la vie, se soutenant l'un l'autre, s'aidant mutuellement en tout et pour tout. La correspondance de Grimm loue ironiquement l'espèce de communauté dans laquelle ils se plaisaient :

La famille Vestris, est-il dit [1], vit dans la plus ten-

1. *Correspondance de Grimm* (édit. Tourneux), tome VIII, p. 262.

dre union. Pendant que la belle Térésina Vestris couche avec son amant pour de l'argent, la mère, dévote comme une sainte, dit à côté de sa chambre son chapelet ; son frère, qu'on appelle le cuisinier, prépare le souper que la sœur Violante et les autres frères viennent manger avec Térésina et son amant, le plus cordialement du monde.

De fait la plus grande liberté de mœurs régnait au sein de la famille Vestris ; nul n'imaginait de se choquer des goûts et des unions passagères de l'un de ses membres, et même, quand ils voyaient un pigeon à plumer, tous concouraient à la réussite.

Violante, aimée du comte de Cantillana, ambassadeur extraordinaire du roi des Deux-Siciles, un moment brouillée, avait renoué avec lui, « mais avec d'autres arrangements, nous apprend Marais, c'est-à-dire qu'il lui fera présent d'une forte pincée de louis chaque fois qu'il la verra [1] ».

On savait que le Sicilien n'était pas très donnant, ses promesses n'avaient de valeur qu'appuyées d'arguments effectifs et Violante n'offrait son corps que contre espèces sonnantes.

Sa sœur Thérèse menait pour sa part quatre intrigues de front. En première ligne venait

1. LARCHEY. *Journal des Inspecteurs de M. de Sartines*, 1863, in-12, p. 169 (23 juillet 1762).

Brissart, fermier général volage, don Juan de la gabelle, que l'on retrouve chez toutes les filles de l'époque. Il avait collaboré avec Gaétan au plaisir de Mlle Chaumart, puis avait fait partie du casuel de Mlle Cohendet, actrice de l'Opéra, ensuite s'était partagé entre Mlle Coraline de la Comédie-Italienne et Mlle Granier, « la grosse beauté de l'Opéra », greluchonnée par Lany [1]. Pour Thérèse, il lui allouait toujours très exactement douze cents livres par mois.

Mlle Vestris en recevait autant de M. Hocquart de Coubron, fermier général qui avait succédé à son père en 1756. Amuseur et mauvais sujet, il était célèbre dans le monde galant, où il eut l'honneur de prêter son nom à Mlle Fleury, qu'on appelait couramment Fleury-Hocquart, pour la distinguer des autres filles ou actrices du même nom ; « elle s'en parait comme les héros grecs et romains se paraient du nom d'une ville ou d'une province conquise [2] ».

Thérèse ne s'en tint pas à ce couple ; elle a encore pour troisième un M. de Sainte-Foix que Marais dit avoir un emploi aux affaires étrangères ; ce n'est donc ni Radix de Sainte-Foix qui était aux finances, ni le comte de

---

1. ARSENAL. *Archives de la Bastille*, 10235, ff. 307, 374, 482, 485.
2. THIRION. *Vie privée des financiers au XVIIIe siècle*, 1895, in-8, p. 297.

Sainte-Foy, chevalier d'Arcq, attaché à M. de
Saint-Florentin, ministre de la maison du Roi,
ni Poullain de Sainte-Foix, l'irascible littérateur. Quel qu'il soit, il paye largement la tendre
hospitalité de la belle Italienne qui, pour ter-
miner le quatuor, tient encore sous sa coupe
un noble Vénitien, qu'elle surveille jalousement
et pour cause, si l'on en croit la note ci-dessous :

30 *novembre* 1764. — M. le comte Ascligio, Vénitien, est investi par la famille des Vestris, il ne fait
pas un pas sans en avoir un avec lui. C'est Vestris
l'aîné qui lui sert de menin aux bals et aux spectacles, il ne le perd pas de vue ; c'est lui qui est chargé
de lui faire la chronique scandaleuse de toutes nos
femmes, et certes il ne les épargne pas pour le conserver tout entier à sa sœur la danseuse, avec laquelle il paroit arrangé, il soupe et mange journellement chez elle : on le dit fort riche, avoir beaucoup
d'argent comptant et il a un diamant à son doigt
estimé cent cinquante mille livres.

On prétend que son intention est de le vendre au
roi et la demoiselle Vestris est soupçonnée de vouloir lui faire passer cette fantaisie [1].

Malgré l'habile tactique des Vestris, le comte,
tout en se montrant plein de générosité envers

---

1. Bɪʙʟɪᴏᴛʜᴇ̀ǫᴜᴇ ɴᴀᴛɪᴏɴᴀʟᴇ. *Manuscrits français*, 11350. *Rapports de police de l'inspecteur Marais*, f⁰ 556.

Thérèse, préserva le diamant de son avidité. Deux mois après il la quittait, et s'offrait pour cent louis une passade avec la demoiselle Dubois, actrice aux Français [1].

La retraite du Vénitien ne changea rien au sort des autres amants de la danseuse dont la maxime était :

Ou n'en flattez aucun, ou contentez-les tous [2].

Dans une série d'épigrammes sur les amours des filles d'Opéra, attribuée à Poinsinet avec la collaboration de M. de Pressigny, on célèbre le trio fidèle de Thérèse :

Vestris à Sainte-Foix a loué son devant,
Son derrière à Brissard qu'il paye tout autant.
Passe pour ces deux, mais Coubron, sur ma parole,
Ne devrait pas payer si cher un entresol.
C'est cependant chose assurée,
Qu'ils la payent chacun, un louis chaque journée [3].

En août 1765, la situation de la danseuse n'a pas varié. Sa sœur Violante, délaissée de M. de Cantillana, s'est abandonnée à M. d'Aligre, président au Parlement, qui, par paresse et par

---

1. BIBLIOTHÈQUE NATIONALE. *Manuscrits français*, 11359. *Rapports de police*, f. 623.

2. [MANUEL.] *La police dévoilée*, 1791, in-8, t. II, p. 140.

3. BIBLIOTHÈQUE NATIONALE. *Manuscrits français*, 11359, f. 827.

amour du plaisir, fait retomber sur son collègue, d'Ormesson, tout le poids de sa charge, jusqu'au jour où il luttera avec tout le Parlement contre le Roi. Gaétan goûte les caresses de Mᵐᵉ Louison Rey, jeune danseuse dont les fantaisies chagrinent sa respectable mère, désolée de voir ses filles se donner « à tous venants beau jeu », car elle a encore deux filles à l'Opéra ; toutes sont stylées pour alimenter la famille par la danse et par l'amour. On vient même chez la mère Rey, comme on va en maison close: ses filles sont à la disposition du client généreux. Mais Louison fait son désespoir. Après avoir cédé au sieur Léger, danseur, « en lui accordant ses dernières faveurs sous le théâtre même de l'Opéra pendant une des scènes de la pièce qui se répétait », voilà que Louison se livrait à Vestris [1] ! Tandis qu'une autre de ses enfants, mariée celle-là à Pitrot le maître de ballets à la Comédie-Italienne, danseuse au même théâtre, s'abandonnait à Jean-Baptiste Vestris, au « cuisinier !... » C'était peut-être calcul de la part de Mᵐᵉ Pitrot, qui plaidait en séparation contre son mari et qui pensait qu'en entrant dans l'intimité des Vestris elle aurait la protection puissante du président d'Aligre, tout

---

1. Larchey. *Journal des Inspecteurs de M. de Sartines*, 1863, nᵒ 12, p. 198. Louison Rey mourut quelque temps après sa liaison avec Vestris, le 4 février 1768 (*Mémoires secrets*, t. III).

en assouvissant aussi son « tempérament » [1].
Toutefois les choses ne s'arrangèrent pas selon
ses prévisions; elle fut déboutée de sa demande.
Heureusement qu'elle obtint, pour se soustraire
à l'autorité conjugale, de rentrer à l'Opéra où
toute femme était libérée de la tutelle de ses
parents ou de son mari.

Le frère cadet de Gaétan, Angiolo, se trouvait momentanément à la cour du duc de Wurtemberg en aussi bonne fortune que ses proches.

Telle était en 1765 la vie privée des Vestris.

L'année suivante, un papier de l'inspecteur
Marais, où il est question accidentellement de
Thérèse, nous donne des nouvelles de personnages que nous avons déjà vus et que nous ver-
rons encore dans l'entourage du Diou de la
danse :

11 *avril* 1766. — M. le duc de Mazarin, depuis la
mort de M. de Bontems, vient presque tous les jours
voir la demoiselle Allard, mais il ne la fréquente que
comme une ancienne connaissance, et décidément elle
n'a personne aujourd'hui pour lui faire du bien. Le
duc est amoureux comme un fol de Mlle Adélaïde, il
en est même extrêmement jaloux, et c'est par la suite
de cette manie qu'il lui a fait quitter les ballets de
l'Opéra où elle étoit figurante ; il va aller pour quelque tems s'enfermer avec elle à Triel dans la mai-

---

1. Bibliothèque nationale. *Manuscrits français*, 11359, f° 753.

son de M. Brissard, qui de son côté emmène avec lui Mlle Vestris qui a aussi quitté l'Opéra ; et Mme la duchesse de Mazarin se retire pour six mois ou un an, à l'hôtel de Soubise, afin d'arranger ses affaires. On prétend que toutes ses dettes payées, elle jouira encore de deux cent mille livres de rente [1].

Le duc de Mazarin choisissait mal ses comgnons de villégiature. Brissard et Thérèse qui n'en étaient plus à leur lune de miel ne pouvaient passer leurs journées à se contempler, à se dire des mots d'amour, à se mignoter comme deux jeunes amants ; Triel avait beau être un village merveilleusement situé, ils se lassèrent bientôt de regarder couler la Seine qui miroitait à leurs pieds, de bâiller devant le vitrail de la vieille église gothique qui représentait l'histoire de la légende dorée ; il leur fallait donc une autre société plus remuante, plus joyeuse que celle de deux amoureux, et l'on vit venir Gaétan. L'homme à la belle jambe, voisinant avec la jolie Adélaïde, se prit de goût pour l'ex-danseuse qu'il parvint à convaincre par le séduisant de son agréable personne et par la chaleur de ses belles paroles. Le duc de Mazarin, quand il eut épuisé la nouveauté des étreintes de Mlle Adélaïde, fut assez clairvoyant pour remarquer les concours qu'apportait Vestris à l'apai-

---

1. BIBLIOTHÈQUE NATIONALE. *Manuscrits français*, 11.360, f.63.

sement des sens éveillés de sa maîtresse ; il en
acquit la certitude à diverses reprises et à la fin
de la belle saison la rupture fut officielle. Elle
est présentée par Marais avec toute la liberté de
langage dont il est coutumier :

17 *novembre* 1766. — M. le duc de Mazarin a quitté
la demoiselle Adélaïde, s'étant aperçu que le sieur
Vestris étoit toujours dessus. Ce danseur n'a de goût
que pour les maîtresses de ce seigneur, et il n'a quitté
la demoiselle Allard que lorsque M. le duc l'a abandonnée.

Depuis huit jours M. de Mazarin faisait des passades chez la dame Gourdan et la demoiselle Philipinne
étoit celle qui lui agréoit le plus, enfin il s'est décidé
à la retirer de chez cette femme à laquelle il a donné
vingt-cinq louis [1].

Vestris n'était pas homme à remplacer M. de
Mazarin autre part qu'au déduit, aussi Mlle Adélaïde prit, pour alimenter sa caisse, Achille-Jo-
seph-Robert, marquis de Lignerac, capitaine au
régiment de La Ferronnaye-Dragons. Les « arrangements » qui satisfaisaient tout le monde
paraissaient être durables quand la mort de la
marquise de Lignerac vint, au bout d'un mois,
détruire cette combinaison. Le capitaine qui ne
craignait pas de tromper sa femme pendant son

---

1. BIBLIOTHÈQUE NATIONALE. *Manuscrits français*, 11360, f. 164.

existence fut pris d'un scrupule tardif ; il annula les engagements conclus avec la danseuse et ne remit « plus les pieds chez elle ». Adélaïde essaya de profiter de cette circonstance pour enlever Vestris et l'emmener sans congé à Stuttgard. Gaétan, plus raisonnable et moins passionné, s'opposa formellement à cette idée bizarre.

CHAPÌTRE X

MADAME VESTRIS

La Cour de Wurtemberg. — Charles-Eugène, duc de
Wurtemberg. — Son faste. — Angiolo Vestris. —
Mme Gourgaud et ses filles. — Rozette. — Mariage forcé.
— Rozette devient Mme Vestris. — Le duc de Duras.
— Les gentilshommes de la Chambre. — Débuts de
Mme Vestris aux Français. — Une « galanterie » du
duc de Wurtemberg. — Jalousies de Mme Vestris.
— L'affaire Vestris-Sainval. — Embarras de M. de
La Ferté. — Lettres inédites à Antoine. — Fin de
Mme Vestris. — Mort d'Angiolo Vestris.

Le frère cadet de Gaétan, avec lui danseur à
l'Opéra, avait quitté ce théâtre en 1757. Angiolo sentait qu'à Paris il ne serait toujours que
l'ombre de l'aîné des Vestris et qu'il ne pourrait jamais aborder l'emploi des danseurs seuls.
Pour remédier à ce désavantage, il partit de son
côté à la recherche d'un engagement qui met-
trait sa personnalité en relief. Les hasards d'une
vie nomade l'amenèrent au commencement de

1761 à Stuttgard, où le duc de Wurtemberg s'entourait d'une Cour qu'on donnait comme la plus brillante de l'Europe ; il entretenait en outre un nombre considérable de comédiens et de danseurs. Stuttgard passait alors pour être le conservatoire de danse de notre Académie royale de musique. Angiolo arriva justement à l'époque où le Prince allait s'abandonner sans réserve à ses goûts de dissipation et de plaisir.

Charles-Eugène, duc de Wurtemberg, était né le 11 février 1728, à Bruxelles. Pendant sa minorité le duché fut administré par les ducs Charles-Rodolphe et Charles-Frédéric. Le roi de Prusse s'intéressa particulièrement à l'éducation du jeune prince; il suivit de près ses progrès, le fit déclarer majeur dès sa seizième année et lui donna pour femme sa nièce, Élisabeth-Frédérique-Sophie de Brandebourg-Baireuth.

Les débuts de Charles-Eugène au gouvernement de Wurtemberg furent assez heureux, grâce à l'activité de ses ministres, en tête desquels se distinguait Hardemberg. Ils s'acquittaient des affaires du petit État avec sagesse, tandis que le duc se divertissait à son gré, jetant sa gourme, satisfaisant ses nombreux caprices, ne s'intéressant, en dehors des parties fines, qu'à l'édification du superbe château de Stuttgard, dépensant en souverain, sans compter. Dilapidant les deniers publics, Charles-Eugène, par son gaspillage, se trouva bientôt à sec. Afin de remonter ses finances, il mit, en 1752, le duché à la solde de la France ; il s'engageait à fournir six mille hommes à la première réquisition, en échange d'énormes subsides. Trois ans après, il destituait son plus fidèle collaborateur Hardemberg pour gouverner seul. Gêné encore dans ses désirs de splendeur et de libertinage par sa femme, il s'en sépara en 1756. Libre alors, il s'adonna tout entier à ses appétits de luxe et d'amour. Pendant la guerre de Sept ans, il joua un rôle assez suspect, dont le résultat fut qu'aucun des belligérants n'accepta son concours ; aussi le duché continua-t-il la paix pendant une longue période. Paix plus coûteuse qu'une défaite. Charles-Eugène avait gardé quatorze mille hommes qu'il faisait parader, jouant à la petite guerre. Le pays était écrasé par les dépenses voluptuaires de son souverain. Qu'importe !... le prince s'amusait. D'un bout de l'année à l'autre les fêtes se succédaient. Dans le grand palais ducal, Charles-Eugène avait réuni de quoi satisfaire ses fantaisies de toute espèce. Avec ses nombreux équipages de chasse, les huit cents chevaux de ses écuries gigantesques, il avait encore un théâtre qui lui coûtait des sommes énormes par les larges traitements payés aux troupes d'opéra, de danse, de comédie, d'opéra italien sérieux et bouffon, pépinière de jolies filles où le duc cueillait ses maîtresses qu'il comblait.

Ce fut dans ce milieu fastueux qu'Angiolo Vestris se faufila. Le 27 avril 1761, il est engagé pour six années en qualité de premier danseur, aux gages annuels de douze cents florins et cent trente florins pour « frais de chaussure » ; le contrat valable jusqu'aux Pâques de 1767 [1].

Beau garçon, dans toute la force de ses trente ans, Angiolo était avantagé d'une taille de cinq pieds cinq pouces, de cheveux blonds, d'yeux bleus dans un visage allongé au menton carré, au front bombé, au nez, il est vrai, un peu fort, léger défaut, surtout auprès des dames qui voyaient là une compensation naturelle [2]. Ce physique agréable le fit rechercher par l'essaim des jolies filles choisies pour orner la scène du théâtre de la Cour ducale.

Au nombre des pensionnaires du duc, figuraient, depuis le 7 mars 1760, trois piquantes Marseillaises, Mᵐᵉ Gourgaud et ses deux filles, Marianne et Rozette, qui prenaient au théâtre le nom de Dugazon. La mère, femme de Pierre Antoine Gourgaud, directeur des hôpitaux mi-

1. Joseph Sittard. *Zur Geschichte der Musik und des Theaters am württembergischen Hofe*, 1801, in-8, tome II, p. 197.

2. Signalement d'après un certificat de résidence autographe obligeamment communiqué par M. Gustave Bord.

litaires de Marseille, avait dû, à la suite d'un re-
vers de fortune, partir de Marseille et chercher
ailleurs quelque aubaine. Elle possédait sans
doute certaines notions du théâtre qu'elle in-
culqua à ses enfants, ce qui leur permit de con-
tracter, à Stuttgard, comme actrices pour les
spectacles de la Cour, un traité de trois mille
florins [1].

Des trois nouvelles comédiennes, Rozette se
distingua par sa façon intelligente d'interpré-
ter ses rôles et aussi par son joli minois, friand
et tentateur. L'attrayante jeune fille, d'abord
accueillie indifféremment pour augmenter le
charmant bataillon destiné à récréer le duc de
Wurtemberg, se fit remarquer peu à peu. On
apprécia ses qualités de comédienne et on rechercha son sourire. Charles-Eugène ne resta
pas insensible aux charmes de sa gentille pensionnaire et il ne tarda pas à la convoiter pour
son service spécial. Rozette accepta sans grande
résistance les propositions du prince. Elle avait
alors une vingtaine d'années [2], et sa vertu n'était
pas rigoureuse au point de refuser ce moyen de
parvenir.

Est-ce avant ou après la faveur du duc que
Vestris cadet fit la conquête de Mlle Gourgaud?

1. Joseph Sittard. *Zur Geschichte der Musik und des Thaeters
am würtembergischen Hofe*, 1891, in-8, tome II.

2. Françoise-Rose Gourgaud était née le 7 avril 1743.

On sait seulement par la chronique, qu'il fut l'heureux rival de Charles-Eugène et aussi que ce dernier surprit, en 1766, l'actrice et le danseur dans une attitude qui ne lui laissa aucun doute sur le genre de relation qui les unissait. Furieux, le prince aurait exigé, séance tenante, le pistolet au poing, qu'ils régularisassent leur situation par un mariage en bonne forme, puis les aurait chassés, de ses États. Il reste certain qu'Angiolo et Mlle Dugazon furent unis régulièrement à Stuttgard et qu'ils continuèrent leur emploi à la Cour de Wurtemberg jusqu'à l'expiration de l'engagement de Vestris, c'est-à-dire jusqu'au jour de Pâques de l'année 1767. Ils figurent tous deux sur l'état des appointements de cette époque : Angiolo pour deux mille trois cent trente florins et *Mme Vestris*, singulièrement avantagée, y est qualifiée de « gracieuse », et portée en compte, jusqu'à nouvel ordre, pour cinq mille florins [1]. Mais ce contrat ne fut pas renouvelé et les époux durent quitter la magnificente Cour de Wurtemberg, pour venir à Paris. S'ils regrettèrent les fêtes pompeuses de Stuttgard, ils n'eurent pas à les déplorer longtemps. En 1770, Charles-Eugène s'amenda beaucoup sous l'influence de Franziska de Bernardin, sa

[1]. Joseph Sittard. *Zur Geschichte der Musik des Theaters am würtembergischen Hofe*, 1891, in-8, tome II.

maîtresse, qu'il fit nommer comtesse de Ho-
heinheim et qu'il finit par épouser en 1785 [1].

La femme d'Angiolo trouva un accueil charmant dans la famille Vestris. Gaétan d'ailleurs,
l'avait déjà rencontrée à Stuttgard, en 1763, pendant un séjour qu'il y avait fait pour donner
quelques représentations où son talent suggéra
même à un écrivain cette comparaison aussi
recherchée que flatteuse : « Ce danseur est pour
notre siècle le Pylade que Rome admira sous
celui d'Auguste » [2].

Rose Vestris avait de réelles aptitudes théâtrales qu'elle résolut de mettre à profit. Ses ten-
tatives pour entrer à la Comédie-Française la
mirent en relation avec le duc de Duras, premier gentilhomme de la chambre, seigneur
accueillant, homme de Cour accompli, affable
et plein de bonne grâce. La jolie Rose le charma ;
il ne résista pas longtemps à l'éclat des beaux
yeux quémandeurs ; ce fut lui qui sollicita bientôt Mᵐᵉ Vestris d'agréer son amour en échange
de sa protection. Mᵐᵉ Vestris céda d'autant plus
facilement que la situation financière du ménage
était des plus précaires ; un ami, Antoine, architecte, avait avancé à Angiolo et à sa femme une
somme assez forte si l'on en juge par la recon-

---

1. Il mourut le 24 octobre 1793, ayant réparé pendant les vingt
dernières années de sa vie le désordre de sa jeunesse.

2. SILLARD. *Op. cit.*, tome II, p. 60.

naissance que Mme Vestris ne cessa de lui témoigner [1] ; il semble même que l'architecte ait été payé aussi par un sentiment plus tendre, la correspondance que nous publions plus loin permet de le supposer, bien que les termes n'en soient qu'affectueux, mais quelle affection! tout ce qu'une femme peut trouver d'expressions aimantes, d'effusions du cœur autour de l'amour s'y rencontre. Un service d'argent ne recueille ordinairement pas tant de gratitude.

La conquête du duc de Duras mit fin à la gêne de Mme Vestris, non par les prodigalités du seigneur, mais par son appui auprès des comédiens.

Les gentilshommes de la chambre, au nombre de six, dont deux en survivance, avaient la direction des menus plaisirs du Roi ; ces officiers de la couronne administraient d'abord alternativement les différentes parties de cet important chapitre de la maison royale ; mais depuis 1763 ils avaient chacun leur attribution distincte. M. le duc d'Aumont se réservait la comptabilité, l'examen des états, la surveillance des magasins et la nomination à tous les emplois de bureau. Le duc de Fleury se consacrait à la musique du Roi et aux pompes funèbres. Le maréchal de Richelieu et le duc de Duras se

1. Voir plus loin sa lettre à Antoine du 13 mars 1771.

partageaient les théâtres, sauf l'Opéra qui était
entre les mains du ministre de la maison du
Roi. Les deux gentilshommes en survivance
étaient : le duc de Fronsac, fils du maréchal de
Richelieu, et le duc de Villequier, fils du duc
d'Aumont.

Mme Vestris, sous les auspices de M. le duc
de Duras, vit bientôt tous les obstacles s'abais-
ser devant le désir de ce personnage tout puissant à la Comédie. On l'admit d'abord à l'essai
sur le théâtre des Menus, rue Bergère, le 29 avril
1768. La salle était brillante et choisie, plus de
800 billets avaient été distribués, par les soins
du duc de Duras, pour applaudir la débutante
qui joua le rôle d'Hermione dans *Andromaque*
aux côtés de Molé et de Le Kain. Un des auteurs de la *Correspondance de Grimm* nous a
laissé son jugement sur la femme d'Angiolo.

Très jolie, de la grâce, la taille bien prise, les plus
beaux yeux du monde, mais elle n'a pas les traits
assez grands, assez nobles pour le tragique. Elle
ressemble plutôt à une suivante charmante qu'à une
belle princesse.... elle a incomparablement mieux dit
les choses de fierté que les vers de sentiment. On lui
a trouvé la prononciation vicieuse, grasseyante. Elle
ne sait pas marcher sur le théâtre, mais son beau-
frère peut le lui apprendre. Elle a de la grâce, mais
aussi de l'uniformité dans son geste. Elle a surtout
le tic de porter la main à sa bouche et de laisser

tomber ensuite son bras en deux temps égaux jusqu'à la ceinture, puis de recommencer, mais ces petits défauts se corrigent vite. Je parierai qu'elle a
la voix très agréable en chambre, mais elle ne l'a pas
assez forte sur le théâtre, du moins pour les grands
rôles tragiques [1].

Cette critique pointilleuse ne manque pas
de justesse. Les avis se partagèrent sur le talent
de Mme Vestris. Généralement on trouva qu'elle
manquait d'habitude, mais on convint qu'elle
pourrait être très utile dans la tragédie. Aussi
son admission à la Comédie donna bien de la
tablature à l'intendant des Menus, M. de La
Ferté, qui jouait décidément de malheur avec
les Vestris.

La charge d'Intendant à ce chapitre n'était
pas une sinécure. Intermédiaire et agent d'exécution des premiers gentilshommes de la chambre, M. de La Ferté avait à s'occuper non seulement de l'argenterie, des affaires de la
chambre du Roi, de l'administration de la Comédie-Française et de la Comédie-Italienne,
mais aussi de satisfaire les vœux des officiers
de la couronne. Or le duc de Duras, après l'au-
dition de Mme Vestris, voulut faire admettre sa
protégée à la Comédie aux appointements de

---

1. *Correspondance de Grimm, Diderot, etc.*, édit. Tourneux
tome VIII, p. 73.

six mille livres, avec promesse de réception aux
Pâques suivantes, en remontrant que Mlle Clairon achèverait de la former.

L'ordre, porté par M. de La Ferté au maréchal de Richelieu le 10 mai, ne fut pas approuvé,
le maréchal refusa sa signature. L'intendant, en
rendant cette réponse négative au duc de Duras, éprouva l'effet de la mauvaise humeur du
gentilhomme qui insista et libella un autre traité.
Enfin, le 16 mai, le maréchal, « non sans beaucoup de débats », signa « l'ordre de la dame
Vestris aux appointements de six mille livres,
avec promesse de sa réception à demi-part ».

Mme Vestris n'aborda le public que le 19 décembre 1768, dans *Tancrède*, où elle joua le rôle
d'Aménaïde, sur la scène du théâtre français
avec un illusoire succès :

Jamais, dit le *Mercure*, début ne fut plus brillant, et
jamais une jeune actrice n'annonça un talent plus
vrai et plus décidé. Sa figure est belle et théâtrale ;
ses traits sont prononcés, son organe est attendris-
sant ; ses gestes sont beaux et tous ses mouvements
ont de la grâce, même dans le désordre de la passion.
Son jeu est plein d'intelligence. Mais ce qui la dis-
tingue principalement, c'est le pathétique qu'il est
difficile de porter à un plus haut degré. Le cri des
passions, l'abandonnement dans la douleur, les éclats
déchirants qui succèdent aux sentiments étouffés,
voilà les grands ressorts de la déclamation tragique

et l'on ne peut mieux les mettre en œuvre que Mme Vestris [1].

L'éloge dithyrambique du *Mercure*, journal officiel, à l'adresse de Mme Vestris, était surtout rédigé dans l'intention d'être agréable au duc de Duras. Le censeur de la correspondance de Grimm qui assista au début définitif de l'actrice, en février 1769, dans le rôle d'Idamé de l'*Orphelin de la Chine*, maintient ses piquantes observations. Tout en constatant l'affluence des spectateurs, en rendant hommage à la beauté de la comédienne, en louant le modelé de ses bras, le velouté de ses yeux et la noblesse de son maintien, il signale encore sa voix frêle et son grasseyement désagréable ; il conclut :

C'est une figure de Mignard et je voudrais, dans la tragédie, une figure de Poussin, de Raphaël, de Michel-Ange [2].

Le progrès artistique de Mme Vestris était néanmoins sensible, grâce aux leçons des deux maîtres de la tragédie, Mlle Clairon et Le Kain, qui l'avaient fait travailler durant sa longue expectative. La joie du duc de Duras fut si grande de voir réussir son amie, qu'il gratifia

1. *Le Mercure de France.*
2. *Correspondance de Grimm, Diderot, etc.*, édit. Tourneux, t. VIII, p. 261.

Le Kain de cinq cents livres de pension « pour avoir élevé et présenté Mme Vestris [1] »; le gentilhomme obtint encore de son collègue à la chambre, le maréchal de Richelieu, de signer le 12 juin 1769 un ordre de début pour Angiolo Vestris, dans la troupe de la Comédie-Italienne, aux appointements de cent cinquante livres par mois [2]. L'amant ne négligeait pas le mari.

La protection du duc fit soupçonner son amour pour Mme Vestris ; leurs moindres gestes furent épiés par les curieux d'anecdotes badines, en quête de quelque bon scandale à raconter pendant un petit souper. C'est ainsi que pour une indisposition de la femme d'Angiolo, on chuchotait :

Mme Vestris, de la Comédie-Française, vit avec M. le duc de Duras. On prétend même qu'il est fort inquiet des maux d'estomac dont elle est tourmentée, parce que le médecin prétend que c'est la v... que le prince de Wurtemberg lui a donné quand elle a été à Stuttgard, et qu'elle a négligé. Ce prince ne se nourrissait que de pillules de Kaiser [3].

On se rappelait qu'en 1746, lors d'un séjour

1. Archives nationales, O¹ 845. Cf. Campardon. *Les Comédiens du roi* (Français), 1878, in-8, p. 209.

2. Archives nationales, O¹ 846. Cf. Compardon. *Les Comédiens du roi* (Italiens), 1877, in-8, t. II.

3. *Revue rétrospective*, 1835, in-8, t. III, p. 446. Kaiser était un médecin spécialiste.

à Paris du prince, une aventure avait longuement égayé ruelles et boudoirs.

Le duc de Wurtemberg courait les filles, faisait carrousse, profitait de sa jeunesse fortunée. Il ressentit un jour que ce genre d'existence a d'amers contre-temps en se voyant gratifié d'une galanterie qui l'obligea de mettre un frein aux jeux de l'amour. Ce coup de pied de Vénus n'était pas le premier que le prince comptait à son actif, et il avait pour cette circonstance, prévue dans le code de luxure, un domestique très habile à traiter ces conséquences de la débauche. Ce laquais, du nom de Bastide, avait déjà guéri son maître avec tout l'art d'un chirurgien. C'est à lui que le duc se confia. Seulement le procédé, efficace peut-être pour un malade docile, fut impuissant sur le prince qui, comptant trop sur l'effet souverain du remède, se montrait rebelle à toute continence et à toute privation. Les conseils, les drogues n'agissaient point. Bastide s'effrayait de voir son maître péricliter. Il s'alarma tant qu'il finit par refuser tout secours au prince, qui se trouva dans la nécessité d'aller consulter le chirurgien Jean-François Morand pour le traiter.

L'aventure avait transpiré; le prince en eut vent, et furieux, sans chercher d'où pouvait provenir l'indiscrétion, il fit tomber ses soupçons sur le malheureux Bastide, le rendit respon-

sable de sa santé qui, malgré les soins de
Morand, empirait d'une inquiétante façon. Ses
plaintes réussirent, non à le guérir, mais à faire
appréhender l'innocent laquais qu'il accusa
d'avoir voulu attenter à sa vie par le poison.
Bastide paya de sa liberté l'exercice illégal
de la médecine; on l'enferma à Bicêtre pendant quinze jours, puis on le transféra au For-
l'Évêque [1].

C'était cette histoire, vieille déjà, qui revenait
aux esprits malins. Ils évoquaient l'ancienne
liaison du prince et de M⁰ᵉ Vestris, pour supposer que la comédienne avait été contaminée à la
cour de Wurtemberg. Ce n'était que médisance.
Le commerce amoureux de M. de Duras et de
Rose Vestris le prouva suffisamment par sa
longue durée.

Au théâtre, Mᵐᵉ Vestris ne s'attirait pas toutes
les sympathies. Forte de l'appui du duc, éni-
vrée par le succès de ses débuts, par un accueil
qu'elle ne vit pas plutôt bienveillant qu'enthou-
siaste, elle se donna tout de suite de grands
airs. Mᵐᵉ Vestris tenait bien des Vestris par
son caractère ombrageux; son humeur acariâtre allait lui aliéner une partie de la troupe
des comédiens. Cela commença d'abord par
une petite querelle avec Mˡˡᵉ Dubois, aimée du

1. RAVAISSON. *Archives de la Bastille*, 1881, in-8, tome XII.

duc de Fronsac, au sujet des rôles qu'on distribuait pour les spectacles de la Cour à Fontainebleau. Poussé par son fils, le duc de Fronsac, le maréchal de Richelieu appuyait Mlle Dubois, tandis que le duc de Duras soutenait Mme Vestris. M. de La Ferté devant les avis contradictoires des deux gentilshommes de la chambre, ne sachant auquel obéir, en référa au duc d'Aumont. Ce dernier s'occupait peu de questions théâtrales, mais en revanche, sa sœur, la duchesse de Villeroy, prenait voix au chapitre lorsqu'il s'agissait des spectacles de la Cour. Le duc d'Aumont fit part du débat à sa sœur, qui tint un conseil chez elle, dans lequel on arrêta que les demoiselles Dubois et Vestris ne paraîtraient pas sur scène pendant tout le voyage de cette année 1770.

Ceci n'était que le prélude des tracasseries que l'entrée de Mme Vestris allait faire surgir dans la compagnie des comédiens.

La protection par trop manifeste du duc de Duras irritait la troupe tragique. A chaque instant il donnait de nouvelles preuves ostensibles de son attachement à la comédienne. Le 15 août 1771, c'est six cents livres de gratification que le gentilhomme alloue à la dame Vestris ; comme il n'y avait pas un sol dans la caisse des Me-

---

1. Boysse. *Journal de Papillon de La Ferté*, 1887, in-8, *passim*.

nus, M. Beaujon en fit l'avance. Le mois suivant, M. de Duras ordonne à l'intendant de
fournir à la même comédienne une chaise de
poste pour ses voyages de Fontainebleau et de
lui donner un logement[1]. Cinq semaines après,
M. de La Ferté est enjoint de lui faire « apprê-
ter un habit tragique très riche[2] ».

Pourtant, prise parfois de pudeur, Mme Vestris
cherchait à donner le change, certaine au fond
qu'on n'en croyait rien. C'est ainsi que pour
expliquer la provenance de superbes diamants,
cadeau de son amant, elle prétendit les avoir
empruntés à sa sœur pour s'en parer[3]. Tous
ces présents, tous ces passe-droits, la hau-
teur qu'elle affectait indisposèrent ses camarades à un tel point que, le 25 mai 1772, à l'assemblée des comédiens, ils s'en plaignirent à
M. de La Ferté. Il reçut aussi ce jour-là les con-
fidences de Mme Vestris, protestant de son côté
contre les mauvais procédés des acteurs et des
actrices. Averti, M. le duc de Duras chargea
l'intendant de dire aux artistes qu'il désapprou-
vait fort leur conduite, qu'il en parlerait au Roi.
Dès les premiers mots que leur adressa M. de La
Ferté, les comédiens s'indignèrent. Hautement
ils proclamèrent la Comédie perdue, « qu'il fallait abandonner le métier, personne n'étant fait

---

1.-2. Boysse. *Journal de Papillon La Ferté*, 1884, in-8.
3. *Revue rétrospective*, 1835, p. 446.

pour ramper sous la dame Vestris et pour recevoir ses ordres ».

La Ferté signala la rebuffade au duc qui lui témoigna son mécontentement en disant que de sa vie il ne voulait voir les comédiens ; le maréchal lui fit la même déclaration et l'intendant, intermédiaire complaisant, trucheman conciliateur, n'en crut pas un mot ; « ils ne tiendront ni l'un ni l'autre leur parole », écrit-il philosophiquement.

Loin de s'amender, Mme Vestris devenait plus jalouse, plus soupçonneuse que jamais. Elle cherchait à entraver les débuts de toute nouvelle postulante, organisant des cabales, qui provoquaient des cabales contraires. Telle fut son attitude offensive envers Mlle Raucourt. Le triomphe remporté par sa rivale exaspéra la vindicative Vestris ; sa coterie intrigua ; ses manigances redoublèrent. Ce qui donna lieu à un bon mot du parterre. Pendant une représentation de *Cinna*, un chat s'étant égaré dans la salle fit entendre, en plein spectacle, des miaulements fâcheux ; un plaisant s'écria : « Je parie que c'est le chat de Mme Vestris [1]. »

La rancune jalouse de la femme d'Angiolo était tenace au point qu'elle faillit faire brouiller les gentilshommes de la chambre et ne s'apaisa

---

1. *Mémoires secrets*, tome VI (4 janv. 1773).

qu'un an après lorsque Mme Vestris obtint, le
4 janvier 1774, une pension de quinze cents
livres sur la cassette du roi.

Autrement durable fut la querelle de Mme Vestris contre les demoiselles Sainval, surtout contre Marie-Blanche Alziary de Roquefort, connue
sous le nom de Sainval cadette, qui avait débuté
le 27 mai 1772. Des intrigues intestines combinées par Mme Vestris réussirent à retarder sa
réception à la Comédie jusqu'en 1776 [1]. Ajournement qu'on mit sur le compte d'une « maladie très dangereuse [2] ».

Mlle Sainval, petite, de figure agréable, sans
être ni belle ni jolie, et sans avoir de ces grands
traits qui rendent la figure théâtrale, était néanmoins bien prise dans sa taille avec de belles
mains, de beaux bras [3]. Elle comptait un grand
nombre d'enthousiastes de son talent, car elle
avait le don de peindre par la mobilité de son
visage, de ses regards, par sa sensibilité profonde soulignée de ses accents, de ses gestes,
la passion et le sentiment.

Sa sœur, Mlle Sainval aînée, avait débuté le
5 mai 1766 ; elle était laide, mais sa physionomie
avait une belle expression tragique et théâtrale.

Au départ de Mlle Clairon, Mme Vestris et

---

1. *Revue rétrospective*, septembre 1835, p. 439.
2. *Mercure de France*, juillet 1772.
3. *Correspondance de Grimm, et Diderot, etc.,* tome X, p. 9.

M{ll}{e} Sainval cadette se partagèrent l'emploi laissé vacant par la Melpomène du XVIIIe siècle et son empire, comme celui d'Alexandre, fut divisé.

Le public semblait assigner à chacune des deux émules, des bornes dont elles devaient être satisfaites ; et donnait à l'une, des rôles de tendresse ; et à l'autre, ceux de vigueur ; mais il est apparemment de la nature de toutes les puissances de chercher à envahir : Mme Vestris voulut aussi goûter de la vigueur, Mlle Sainval a prétendu qu'on ne devait pas l'exclure de la tendresse, et la guerre s'est déclarée [1]...

La lutte entre l'impétueuse Sainval et l'auguste Vestris s'engagea en 1779. Elle fut acharnée. La première trouvait satisfaction dans le public, la seconde dans la chambre. M. de La Ferté, tiraillé par les deux camps, n'arrivait pas à concilier les choses. Les gentilshommes de la chambre renvoyaient le différend aux comédiens et les comédiens aux gentilshommes. Ce manège pouvait s'éterniser, quand Mlle Sainval, qui avait bec et ongles, fit publier une brochure qui exaspéra tout le monde. Elle ne ménageait ni M. de Duras, ni les comédiens, ni les journalistes ; quant à la dame Vestris elle y est magistralement tournée en ridicule, sa grandeur théâtrale y est singulièrement molestée :

1. BRISSOT. *Mémoires*, 1830, tome I, p. 149.

Toujours occupée de sa parure, dit Mlle Sainval, elle arrange son habit, ses cheveux faux, ses bracelets, quand elle ne parle pas. Toujours les bras en l'air, parlât-elle à quelqu'un à ses pieds, mais c'est pour ne pas blanchir son habit...

Pour comprendre ce trait, il faut savoir que chaque fois que Mme Vestris jouait, elle ne manquait pas d'étendre une forte couche de blanc le long de ses bras.

Je l'ai vue, continue Mlle Sainval, dans l'attitude de Pantalon, son bras gauche étalant son manteau par derrière le pied du même côté, et le bras droit en avant, toute pliée en deux, dire ainsi posée, quarante vers de *reproches* ou *d'explications*, avec cette seule nuance : aux *reproches*, elle remue sa main placée rizontalement comme si elle disoit 18, 19, 20, 30, 40, et parvenue à 100, elle tire son autre bras de derrière elle pour les étendre au plus haut de sa tête ; ce grand effort est le signal de l'applaudissement. Ce qui est *explications* est plus modéré, elle ne remue son bras droit que pour indiquer les différentes choses dont il est question, à peu près comme vous montreriez les fleurs d'un parterre du haut d'une terrasse [1].

Ce pamphlet, qui mit fin à cette affaire en faisant exiler la demoiselle Sainval, toucha

1. *Lettres de Mme la comtesse de Mal... à Mme la marquise d'A...*

beaucoup Mme Vestris. Elle voulait même abandonner la place. On verra mieux son état d'esprit en lisant ces deux lettres adressées à l'architecte Antoine :

Ce samedi soir, 21 *août* 1779.

La sirconstence critique où je suis depuis cinq mois
et ce qui se passe encore à la comédie ne me permettent pas d'être sure de garder mon état, je suis obligée de m'occuper de mes affaires auxquelle je n'ai
pu penser depuis longtemps. En conséquence voudrez
vous bien, mon bon ami, me faire l'amitié de me
faire savoir ce dont je vous suis redevable et dont
je ne me souviens point du tout. J'ai eu assez de
peine et du malheur de toute manière pour avoir
perdu la mémoire, ma pauvre tête n'y est plus dans des
moments ; mais au milieu de tout ce que j'ai éprouvé
et de tout ce que j'éprouve encore journellement rien
ne m'a été si sensible que l'abandon de mes amis, abandon qui m'a persé l'âme et auquel je ne me serois
jamais attendu dans le moment peut-être le plus malheureux de ma vie : mais comme dès l'âge le plus tendre
j'ai essuyé des chagrins pouvais je espérer que celui
là (le plus cruel de tous puisqu'il me prive de con-
solation) ne m'arriverait pas ? non, surement, aussi
ne comptai-je plus depuis longtems que sur le courage que j'avois de suporter la perte de mon état à
laquelle je m'atands. Je ne m'apperçois pas que je
vous ennuye et vous importune des choses qui vous
sont absolument indiférentes, je vous en demande

pardon, mais je suis si affectée que je dis comme Arianc

Se plaint-on trop souvent de ce qu'on sens toujours.

J'ai le cœur si douloureux que tout le blaisse ou l'aflige. Cependant il ne faut pas que cela me rendre à charge. Aussi ne vais je pas vous l'être, mon cher ami, et pour l'éviter je finis en vous assurant que le chagrin comme le bonheur n'a pu et ne poura jamais détruire en moi les sentiments qui m'attachent à vous pour la vie.

> *Ce mardy*, 14 *septembre* 1779.

On me fait tant d'horreurs ! tant d'infamies, mon cher ami, que j'ai des distractions affreuses, jugez-en! Je viens de trouver une lettre dans ma pauche que je vous ai écrit il y a huit jours, je ne vous l'envoye pas parce qu'elle vous parlait de chose qui sont passé depuis ce tems et qu'il faudroit vous apprendre en entier. J'ai vu avec douleur que vous avez pris le tems où j'étois sur la scène pour venir me souhaiter une bonne fête, afin d'être sur de ne pas me trouver, je quiterai donc la comédie sans vous revoir ? en vérité je n'ai pas mérité la dureté des procédés que j'éprouve depuis que j'ai quité mon mari (comme du tems ou j'étais avec luy), je n'ai pas cessés d'avoir pour vous la reconnaissance la plus vive et l'amitié la plus tendre, je n'ai jamais changé de sentimens à votre égard et je n'en changerai jamais, ce n'est point à titre de *créancier* que je vous ai écrit,

j'ai craint avec raison de vous gêner, d'ailleurs je
vous le répette encore, je ne puis plus rester à la
comédie française, je souffre trop et je n'ai plus de
force je quiterai Paris sans regret, il m'est devenu
odieux. Je vous envoye le dithyrambe que M. le
comte d'Argental, qui est surement fort éloigné de
croire que je ne vous vois plus du tout, m'a chargé
de vous remettre..... je reprends cette lettre qui est
commencée depuis plusieurs jours, ma position est
telle que je perdrai la tête, si je ne prends pas le
seul parti qui me reste en concéquence, autant par
estime de moi-même que pour ma sauté qui est
dans un état déplorable depuis plus d'un moi j'ai des
trois et quatre attaque de nerf par semaine et vous
savez ce que c'est. Ce que j'ai souffert le jour d'*Ariane*
et ce qui est arrivé hier à *Phédre* mont absolument
déterminée. Je quitte, mon cher ami, cela est bien
décidé ; j'ai demandé mon congé et je ne doutte
point que je ne l'obtienne, car je suis hors d'état de
jouer, je vais partir pour aller prendre l'air à la campagne, ce qui m'est ordonné de faire le plus tôt possible vu l'état de mes nerfs. Je pars jeudy, si vous
n'avez pas résolu de ne me jamais revoir et que vous
vouliez venir diner demain avec moi je vous parle-
rais de mes affaires ; si cela ne vous est pas possible
à mon retour qui cera dans huit jours je vous aver-
tirai et vous ferai encore la même proposition pour
être peut être encore refusée....je ne veux pas m'étendre à cet égard, j'ai déjà trop de chagrin sans les
augmenter par de plus grands encore [1] !

1. Bibliothèque nationale. *Manuscrits français. Nouvelles
acquisitions*, 3035.

La situation du duc de Duras dut manquer de charmes pendant cette période combative.

Des démêlés entre Vestris et Sainval on ne peut conclure au manque de talent de Mme Vestris ; pourtant une nouvelle critique vient témoigner que son succès tenait plus à ses protections qu'à ses capacités.

Et tu vois, dit l'auteur d'un libelle parlant de Mme Vestris, cette petite femme dont la tête est trop grosse pour son corps, dont les yeux sont éteints, et qui a recouvert son teint graveleux et tanné et ses traits effacés par un triple enduit de céruse et de vermillon ; eh bien, sous ce pastel imposteur, sous ce masque qui de loin est passable, grâce aux lumières qui lui donnent encore un certain éclat, elle cache encore une âme encore plus fausse que sa beauté d'emprunt. Et tu vois ces gestes compassés ; et entends-tu les sons aigus de sa voix glapissante, et te fais-tu à ce grasseiement insupportable qui détruit la noblesse et le nerf du caractère passionné qu'elle doit nous peindre ? Et que penses-tu de la voir perpétuellement courbée en deux, gesticuler à tour de bras, mettre la main sous le nez de son père ou de son amant, et dire *je vous aime* comme on dit une injure ? Et remarques-tu, malgré ses contorsions d'énergumène, ses haut-le-corps, et ses cris qui ne partent que du gosier ou du cerveau, cette femme ne dérange jamais l'édifice de sa coiffure, ni la symétrie de son ajustement ; et que son visage qu'on croirait découpé d'un tableau, a toujours le même coloris, la même expression et ne varie jamais ? As-tu fait attention que les applaudissements qu'elle reçoit, rares et clair-semés, partent de quelque peloton d'ignorants soudoyés, que l'on va ramasser en carrefour et qui n'attendent que le signal convenu pour étourdir leurs voisins ? Et t'aperçois-tu de ces *chut, paix-là, paix donc* dont le nombre et la force étouffent les applaudissements mercenaires ! l'indignation les arrache aux gens de goût, qui ne peuvent voir accorder à l'impudente et orgueilleuse nullité, ce qui ne doit être que la récompense du talent [1].

Un autre contemporain, Palissot le critique, nous apporte, sérieusement cette fois, sans exagération, une opinion semblable sur la valeur du jeu de Mme Vestris et sur sa sécheresse de cœur :

Vous savez, écrit-il à Lebrun le poète, que nous sommes très contrariés dans nos projets de bienfaisance pour le pauvre Sivri [2] par Mme Vestris. Je ne m'étonne pas que cette femme qui n'a pas un vrai talent, n'ait aucune noblesse, mais je n'en suis pas moins affligé. Je viens d'écrire à Larive pour lui témoigner, et ma reconnaissance, et le désir que j'aurais de voir réussir notre projet, malgré le malin vouloir de Mme Vestris [3].

1. *Suite de la vision du prophète Daniel.* Correspondance secrète, dite de Métra, tome IX, p. 349.
2. Poinsinet de Sivry, auteur dramatique.
3. *OEuvres de Lebrun*, 1811, in-8, tome IV, p. 270.

Avait-elle au moins, pour M. de Duras, une fidélité que la reconnaissance commandait ?

Il est permis de faire ses réserves, si même on ne prend pas au mot cette note de Marais :

Mme Vestris a couché avec l'élève de Préville à Compiègne. Elle a cependant M. le duc de Duras qui la croit très vertueuse ainsi que M. le duc de Lorges qui ne passe que pour l'ami de la maison [1].

Un mari dans ces conditions est plutôt gênant, il nuit aux combinaisons, commet des imprudences. Rose et Angiolo se séparèrent en 1775 [2].

Mme Vestris n'oubliait pas sa famille personnelle. Elle fit entrer son frère à la Comédie, qui y acquit une réputation de comique sous le nom de Dugazon, tandis que sa femme créait au théâtre italien le genre de soubrette qui porte encore son nom.

Outre M. de Duras, Rose Vestris continuait avec l'architecte Antoine [3], ami du fameux chef de cabale La Morlière, une correspondance tout intime, mélange de gratitude et d'affection

1. PITON, *Paris sous Louis XV*, 1905, in-12, p. 77. Guy-Michel de Durfort, duc de Lorges, né en 1704.

2. Voir ci-dessous les lettres à Antoine du 23 février 1775, et page 164 celle du 14 septembre 1779.

3. Jacques-Denis Antoine, né en 1733, mort le 7 fructidor an IX (25 août 1801).

dans laquelle on découvre que cet éminent architecte possédait aussi des qualités de professeur de déclamation, de bon conseiller, très recherché par la comédienne pour ses sages avis. Un peu jeune pour être un mentor désintéressé, pour mettre gratuitement au service de Mme Vestris la coterie des cabaleurs commandée par La Morlière, Antoine, né en août 1733, a-t-il eu de plus tendres rapports avec la tragédienne? Au lecteur de juger par la liasse des lettres qui suivent, adressées à l'architecte avec une orthographe simpliste qui cependant s'améliorera peu à peu [1] :

A Monsieur Antoine sculpteur rue des Fossés M^r le Prince vis-à vis du menuisier.

Ce 22 aoust 1770.

Je crains bien, mon bon ami, que vous ne soyez malade ou que Madame votre mère ne soit retombée ; autrement je ne sauroit a quoi attribuer une si longue absance — faites moi donc le plaisir de nous tirée d'inquiétude mon mari et moi, autrement vous ceriéz on ne peut pas plus injuste, ne vous donnés pas ce tort envers nous, je vous en prie, ne doutez pas un seul instant de l'estime et parfaite amitié avec laquelle je cerai pour la vie,

R. Vestris.

1. Bibliothèque nationale. *Nouvelles acquisitions françaises*, 3035.

Cette après dîner, 20 septembre 1770.

Mlle Saint-Val mon bon ami a eû sujet de désagrément dans *Iphigénie*, heureusement que je
lui avois fait dir de jouée samedy avant que la pièce
fut commencée, mais le débutant[1] ne veut plus jouée
avec elle. Comme il m'étoit impossible de mettre le
rôle samedy et pour m'évitter toute espèce de cryaie-
ries de la comédie sur ce que je ny aurois pas été
praite ; j'ai priée Mme d'Egmont qui avoit envie de
venir samedy pour voir le débutant, de faire dire a
la comédie que l'on mit la tragédie lundy, comme
cela j'aurai deux jours de plus qui pourons je crois
me mettre en état de jouer le role. Quand pencés
vous, mon bon ami, vous estes plus dans le cécret
que moi, ou du moins vous savés mieux que moi
ce que je peux faire avec vos conseils sans tant :
car sans l'espérance de les avoir je n'aurais rien
promis, je compte donc sur eux, aussi sertaine de
leur succès que vous devés l'estre de l'amitié que je
vous ai vouée a jamais. Vous ceroit-il possible de
venir cette après diner ?

Ce 29 septembre 1770.

Je voudrois bien mon bon ami qu'an flattant mon
amour propre vous n'afligiez pas ainsi l'amitié, ser-
tainement vous rendéz bien justice à mon cœur en
ne doutant pas que la reconnoissance qu'il vous doit

---

1. Peut-être Dorceville qui avait commencé ses débuts le
23 avril (*Mercure de France*, octobre 1770, p. 165).

n'est pas un fardeau pour luy. Mais pourquoi nous
privée du plaisir de vous voir ? ceroisse par délicatesse, la sertitude ou vous devez êstre de l'impossibilité ou je suis de m'aquitter en vers vous ne doit
pas vous éloignez, revener donc je vous prie, avant
qu'un nouveau besoin de vos conseils vous rapelle.
Quel qu'afligeant que ce soit pour mon âme je serois obligée de penser que sans le plaisir que vous
avez a obliger nous ne vous vérions jamais.

R. Vestris.

Ce mercredy, 13 *mars* 1771.

Je vous demande en grâce de vouloir bien oublier
ce que je vous ai écri hyer et de me rendre ma lettre;
j'ai commis la plus grande imprudence, le récit de
vos affaires ma fait frémir, j'ai senti toute l'étendue
de mon étourderie, je me meur de peur que vous
ne nous cachiés la vérité, que vous n'ayez besoin
d'argent, que vous ne disiés le contraire dans la
crainte de nous genée et je vous jure qu'il nous
seroit facile, soit a mon mari ou a moi en recou-
rant a quelque connaissance de vous remettre sur
le champt ce que vous nous avés praité et même
de vous procurer du plus si vous en aviés besoin ;
dites donc la vérité, je vous le demande en grâce
et n'allez pas vous mettre dans l'embaras pour nous
obliger encore, donnez moi a mon tour la satisfaction de vous être utile, je ne vous dis pas de
m'acquitter, ce n'est pas à cette intention que je le
ferais, car ce ceroit peine perdue, la chose est impossible.

Ce dimanche, 7 juillet 1771.

Mon bon ami la demande que je vais vous faire est peut être indiscrette, mais comme il ny a point de tragédie au jourd'huy, qu'il ce pouroit que la pièce nouvelle nala pas mercredy et que l'on mit les *Horaces*, mon rôle m'efraye, s'il vous étoit possible de me donner un moment aujourd'huy, je dine en ville mais je serai rentrée à six heures, six heures et demie au plus tard. Voyez mon bon ami si vous le pouvez vous me rendriez un grand service, jose y compter en faveur de l'habitude.

Ce mercredy, après diner, 23 *décembre* 1772.

Mon bon ami mon mari vous prie en grâce de nous faire le plaisir de venir souper ce soir avec nous ; il a a vous parler d'un logement tout près du théâtre, pas cher, commode, vous pouriés nous y être d'une grande utilité, comme le propriétaire loge faubourg Saint-Germain et que l'on ne peut luy parler que le matain vous pouriez si vos affaires vous le permetent, nous rend e ce service, mais comme il faut tacher de ne pas le manquer, il n'y a pas de tems à perdre sans cela nous nous trouverions dans la rue, faites donc en sorte, mon bon ami de faire ce plaisir à mon mari de venir souper ce soir avec nous, vous savez pour moi combien en acceptant son offre vous êtes sur de m'en faire, je désire fort que ce soit un motif pour ne le pas faire refuser.

A Monsieur
Monsieur Antoine
sculpteur à l'hôtel des Monnaies, rue Guené-
gaud, par la petite porte
à Paris.

Ce mercredy, 15 *septembre* 1773.

Mon bon ami comme j'ai toujours eu le bonheur
de vous trouver lorsque j'ai eû besoin de vos secours,
c'est dire à chaque instant, car depuis mon séjour
ici, je n'ai pas passé un jour ou je ne reçus quelque
servisse de votre amitié et dont je ne vous sois infiniment redevable ; puis-je espérer dis-je après vous
avoir demendé un million d'excuses de tous les pas
que je vous ai fait faire, que vous aurai la bonté de
venir cet après diner suposé que vos afaires vous le
permettent ci cela ce peut nous travaillerons un peu
ce rôle d'*Electre,* je vous souhaite le bonjour, vous
réïtere toutes mes excuses et toutes les assurences
d'un attachement qui ne finira qu'avec moi.

Ce mardy, 16 *novembre* 1773.

Comme je suis accoutumée à recevoir journellement des marques de votre amitié ainsi que de nouveaux services, témoin le dernier que je vous dois ;
voudrais vous bien, mon bon ami, me faire le plaisir de venir un moment aujourd'huy pour m'entendre répéter *Chimène* que je joue demain, suposé
toutefois que cela ne vous dérange pas, vous m'obli-
geriés infiniment.

Ce dimanche, 5 *décembre* 1773.

Je suis au désespoir, mon bon ami, de ne m'estre pas trouvée ches moi hyer lorsque vous aves bien voulu y venir j'étois chés ma pauvre sœur à qui je rapportais la réponse que M. Tronchin m'avoit fait pour elle; si vous voulés me faire grand plaisir vous me dédomageroi d'hyer en venant me voir cette après diner. Adieu. Je suis pour la vie la plus tendre de vos amies.

Ce jeudi, 13 *janvier* 1774.

Comme vos soins, mon cher ami, me sont aussi utile que votre amitié m'est chère, faites moi le plaisir de venir avant midi ou a midi s'il vous est possible pour que je puisse aller diner chez ma sœur ou ma mère m'a priée d'être à une heure passé, que M. Audinet qui est l'ami de mon père doit s'y trouver pour me voir et je ne voudrais pas y manquer, par raport à luy ma mère m'a priée d'y être a une heure. J'ai des afaires cette après diner et je voudrais qu'il fut possible de faire quelque chose ce matin, faites-moi savoir si cela se peut, je vous prie pour que je m'arrange difairement si cela ne se peut pas.

Ce jeudi, 23 *février* 1775.

Je vous remercie mille fois mon cher bon ami, vous êtes cause que mon mari m'a envoyé hier la commode que je désiroit; pour le dessu de porte, je vous prierai lorsqu'il déménagera, de vouloir bien me rendre le servisse que vous m'avez offert. Il m'est arrivé bien des petits événemens depuis que je vous ai vue dont je serois fort aise de vous faire part si vous voulez me faire l'amitié de venir souper avec moi ce soir. Je crains bien que vous ne le puissiés pas, ce jour étant pour l'ordinaire un de ceux que l'on passe en famille. Je désire infiniment vous avoir mais encore plus ne pas me rendre importune, je vous embrasse de tout mon cœur.

Ce 19 *juillet* 1775.

J'ai été bien incomodée depuis que je vous ai vu, mon bon ami, pouriez vous me faire le plaisir de venir cette après diner sur les cinq heures et demie nous vérions un peu le rôle des *Arsacides* qui me dégoute furieusement. J'espère que vous ne vous generez point du tout. Soit pour vos afaires où que vous préfériez que jaille chez vous, dites-le moi.

Naturellement je vous en suplie, mon bon ami, vous avez trop fait pour moi pour que je ne pense pas que ce soit faire beaucoup encore que d'avoir cette complaisance, j'attans votre reponse et suis avec des sentimens inéfaçables toute à vous pour la vie.

Ce 20 *juillet* 1775.

J'ose espérer, mon bon ami, que vous ne me refuserai pas de venir aujourd'huy ; vous m'avez si souvent dit que vous étiés à mes ordres que quoi qu'il me paroisse extraordinaire d'employer ce mot vis-à-vis

de quelqu'un à qui je dois tout il faut pourtant que
je vous le repette afin de vous rapeller l'engagement
qu'il vous a fait prendre vis-à-vis de moi. M. Dorat
vient de m'envoyer un rôle dans sa tragédie des
Deux Reines, et quoique très assurée que vos conseils
me seroient bien précieux pour perfectionner tous
les rôles que vous m'avez fait répéter; jugez donc
mon bon ami de quel importence me deviennent
donc aujourd'huy ces mêmes conseils pour un rôle
qui quoique fort interessant me semble cependant
très monotone si je puis compter encore sur votre
complaisence, et que vous vouliez bien venir sur les
six heures, six heures et demie; je serai seule, et
pourrai du moins vous dire ce que ma bouche et
mon cœur repette mille fois, que je ne trouverai
jamais un ami tel que vous.

Ce mardy, 3 *août* 1775.

Je suis accablée d'aifaire, mon cher bon ami, pour
avoir une place pour mon frère aîné, je n'ai que le
tems de vous souhaiter le bonjour, car je sors dans
l'instant, et de vous prier de me faire savoir, si je
pourois aller chez vous sur les six heures, pour que
vous ayez la bonté de me lire le rôle du connétable
de Bourbon. Adieu, mon bon ami, adieu, vous savez
tout ce que je vous dois et combien je vous aime.

Ce lundy, 28 *août* 1775.

L'attachement que vous avez pour moi, mon bon
ami, me fait croire que vous serez sûrement bien
aise d'apprendre que j'ai eu tout le succès possible

à la Cour, jamais rôle n'a fait plus de sansassion que ce luy là, j'en ai reçu mille complimens de la Reine elle-même; comme je vous les dois, je me hate de vous en faire part et tous mes remercimens. Si vous êtes libre sur les six heures j'irai causer avec vous, surtout sur *Zelmire* dont je vais m'occuper fortement, je voudrois bien le bien jouer. Je joue jeudy *Électre* qu'il faut tacher de jouer passablement dans ce moment-ci. Adieu, mon cher bon ami, si vous n'êtes pas chez vous, je vous prie de me faire savoir si vous y serez demain.

Ce lundy, 25 septembre 1775.

J'ai été passer dix jours à la campagne, mon cher ami, c'est ce qui fait que je n'ai pas eu le plaisir de vous voir pourais-je au jourd'huy estre plus heureuse que la dernière fois que j'ai été chez vous, pourois-je vous y trouver sur les cinq heures et demie et pouriez-vous me donner une idée de *Zelmire* qui me paroit difficile quoi que beau ; faites moi l'amitié de me le faire savoir. Je vous embrasse de tout mon cœur et suis toute à vous pour la vie.

15 février 1778.

Je suis bien affligée, mon bon ami, de voir qu'il faille toujours que je me rappelle à votre souvenir. Je croyois à tout moment vous voir dans la circonstance malheureuse de la mort de ce pauvre Le Kain. Ah ! mon cher ami, quelle perte pour le théâtre français ! combien elle est irréparable ! et combien je le sens. Je ne puis vous dire à quel point je le regrette, jamais, jamais je n'aurois cru que cela m'eut été si sensible, je ne l'oublirai de ma vie. Que va devenir la tragédie ? elle est morte avec luy, on va achever d'accréditer ce maudit genre batar que l'impuissance a introduit sur la scène. Je ne puis vous dire, mon ami, combien je suis découragée et dégoûtée. Je vous jure que si je n'avais des dettes et si j'avais mille écus de rente que je me bornerois tout de suite à cela et que je quitterois sur le chamt ; car je n'ai plus que du désagrément, du dégoût et du chagrin à espérer. Venez donc me voir, mon ami, venez donc me donner de la force et du courage, ajoutez cela à tout ce que je vous dois. Je vous jure que j'en ai grand besoin. Si vous n'avez pas fait de gaine pour le buste de M. de Voltaire, n'en faites point je vous prie, parce que les personnes ont changé de logement et il est impossible de mettre autre chose que la tête, je ne sais comment pourtant, mais voilà ce que l'on m'a écrit. Adieu, mon cher bon ami, adieu, venez dîner mardy avec moi si cela se peut et venez à une heure, je vous en prie. Adieu, quoique bien triste et bien anéantie, mon âme retrouve toujours toutes mes facultés quand il s'agit de mon tendre attachement pour vous.

A Lyon, le 22 août 1784.

J'ai beau voyagé, mon bon ami, dans quelque lieu que j'aille je trouve partout des preuves des obligations que je vous ai en tout genre, j'ai rencontré icy Mlle Valeville, fille charmante tant par les qualités de l'esprit que par celles du cœur tout le bien que votre amitié pour moi vous a porté a luy dire m'a été du plus grand secours ici où je ne connoissois personne, et où il y avait une prévention terrible contre moi en faveur des demoiselles Saint-Val sur tout pour la cadette qui a été élevée ici et qui y a fait d'abord un séjour de quatre à cinq année lorsqu'elle quitta la Comédie française et ensuite qui y est retournée plusieurs fois. Je ne puis assez vous dire, mon bon ami, combien cette charmante demoiselle Valville, que je regarde bien comme une tendre amie, m'a témoigné d'interest, d'amitié, et combien elle m'a été utille. Vous en savez quelque chose car elle vous a écrit a ce sujet et vous luy avez répondu comme a votre ordinaire une lettre charmante où vous me gatez Dieu sait ! n'importe recevez en toujours les tendres remerciements que je vous dois. Mon voyage ici qui pouvait m'être funeste, se trouve au contraire avoir été très heureux du moins jusqu'à présent et comme je suis au moment de mon retour, j'espère qu'il continuera de même. Ce qui m'a le plus flatté ici je vous la voue, mon bon ami, c'est le suffrage du prince Henry, je n'oserois jamais vous répéter tout ce qu'il m'a dit d'obligeant et d'encourageant partout ou j'ai eu l'honneur de le voir, soit dans ma loge ou il avoit la bonté de venir aussitôt que j'avois joué, dans toutes les maisons où il a été et où j'ai toujours été invité avec luy excepté chez l'*archevêque* chez qui je n'ai pas été mais a qui il a eu la bonté de beaucoup parler de moi et d'en dire tout plein de bien tant sur mon talent que sur mon personnel. Je ne vous dis tout cela mon ami que parce que je sais que tout ce qui m'arrive d'heureux vous fait autant de plaisir qu'à moi-même. J'ai joué ici Jeanne de Naples qui était tombée il y avoit dix-huit jours par la manière dont elle fut jouée et je ne puis vous dire l'effet que j'ai fait. On a redemandé la pièce et je l'ai rejouée. Il y avoit un monde énorme ! mais le premier acte ne fait point d'effet et il n'en fera jamais tel qu'il est, il ne sert qu'à fatiguer beaucoup l'actrice inutilement. A mon retour je tourmenterai tellement M. de la Harpe que j'espère qu'il se rendra à mes raisons et qu'il le changera. Je le désire d'autant plus que je voudrois jouer le rôle cet hiver à la Cour et s'il le fait je suis sûre qu'à l'avenir ce sera un des rôles qu'on prendra toujours pour débuter mais je veux lui parler avant qu'il y retouche. Adieu, mon ami, à mon arrivée j'enverrai tout de suite chez vous afin d'avoir le plaisir de vous voir et de vous dire bien des choses qui vous feront bien plaisir par l'interest que vous prenez à une amie qui vous obéis et vous obéira toute sa vie. Adieu mon tendre ami.

Ce 20 février 1793.

Dans les premières représentations de *Fenélon*, je ne vous ai point, mon ami, envoyé de billets d'auteur parce que je sais que vous n'aimez pas celui de cet ouvrage. Mais aujourd'hui que je puis vous offrir le mien, je le joins icy et vous en ferez l'usage que vous voudrez.

Donnez-moi de vos nouvelles, je vous prie. Pour moi j'ai beaucoup de fatigues, d'occupations ; je sens que si j'étois maîtresse de tout mon tems qu'il ne me seroit pas possible de ne pas employer quelques instants à donner des marques d'amitiés, de souvenir et d'intérêt à un ancien ami, mais tout le monde n'est pas de même, la révolution qui a changé tant de choses ne m'a cependant pas changée. Je suis toujours la même. Malheureusement j'ai toujours le même visage et je m'aperçois que les nouvelles connoissances, jeunes et belles font tort aux anciennes ! et que l'amitié ainsi que l'amour a ses infidélités. Comme il m'est impossible de ne pas subir le sort de l'humanité, le même visage vieillira donc avec le même cœur, et je me consolerai en leur voyant conserver la même expretion et le même sentiment pour ceux que j'aimerai et chérirai toute ma vie.

Cette volumineuse correspondance nous a permis de suivre Mme Vestris dans ses divers déplacements et d'apprécier sa fécondité épistolaire ; en revanche elle ne nous renseigne guère sur son mari.

Angiolo Vestris, lors de la suppression du genre italien, avait été congédié de la Comédie avec une pension de mille livres et une indemnité de cinq mille ; il se remit avec sa femme qui usa de son influence pour le faire admettre à la Comédie-Française en 1791 [1]. Médiocre

1. *Pétition des artistes du théâtre de la rue de Richelieu*, 1er sept. 1792. (*Arch. Nat.*, AA. 14, n° 700.)

comédien, Angiolo ne fit que passer aux Français. Nous le trouvons, dans un certificat de résidence du 8 février 1793, qualifié d' « ancien comédien » et logeant 3, rue Taitbout [1].

Mme Vestris, au contraire, lutta sur les planches jusqu'au bout, ayant encore quelques admirateurs, mais aussi combien de détracteurs !

En 1802, on est las de la tragédienne vieillie. Dumersan, sans respect pour l'âge raisonnable de Mme Vestris, s'élève contre la comédienne surannée, plus propre à jouer les duègnes que les reines :

Il est possible que Voltaire, dit-il, au déclin de son âge, ait fait grand cas du talent encore naissant de cette actrice, lorsqu'il s'occupoit des répétitions d'*Irène ;* il se peut encore qu'elle ait mérité les suffrages du public, il y a trente ans, dans *Gabrielle de Vergi,* mais, certainement, aujourd'hui Mme Vestris devroit respecter assez le public, ou se respecter assez elle-même, pour ne point présenter sur la scène les traits livides de son visage pâle et ridé. Il est vrai qu'elle ne se montre pas souvent.

Croirait-on que cette momie boursouflée connoît encore tous les manèges de la coquetterie! C'était un spectacle curieux de la voir, il y a deux ans, jouant *Clytemnestre* dans *Éteocle* et *Polinice* de *Legouvé.* Comme mère du vieil *OEdipe* son époux incestueux elle était surchargée d'atours et d'ornements et cher-

1. Certificat autographe en possession de M. Gustave Bord

chait à se rajeunir, tandis que le décrépit Monvel s'efforçait, quoique fils de *Clytemnestre*, à paraître au moins deux fois plus âgé que sa mère [1].

L'état de fortune de Mme Vestris pouvait cependant la dispenser de se ridiculiser sur les planches. En 1781 elle avait reçu par brevet du Roi la concession à vie du pavillon et café du Théâtre-Français, rue Molière, jouissance qui lui fut conservée, non sans peine, pendant la Révolution [2]. Elle était aussi usufruitière depuis 1793, à titre de locataire à vie, d'une maison rue des Saints-Pères n° 113, qui avait appartenue aux religieux Augustins et dont on lui offrit en 1801, pour les embellissements qu'elle y avait faits, la somme de seize mille huit cent cinquante francs [3]. Mais Mme Vestris ne devait plus lutter longtemps. Elle mourut le 5 octobre 1804.

Angiolo Vestris lui survécut encore cinq années et s'éteignit à son tour le 10 juin 1809 [4].

1. [DUMERSAN.] *Le coup de fouet* ou *Revue des théâtres de Paris*, 1802, in-12, p. 76.

2. ARCHIVES DE LA SEINE. *Domaines*. Cartons 11 (*Correspondance*), 700 (*Domaines engagés*), 796 (*Échopes de l'Odéon*).

3. ARCHIVES DE LA SEINE, *Domaines*. Carton 480, dossier 5741.

4. L'an mil-huit-cent-neuf, le dix juin, à midi sonné, par devant nous maire du III° arrondissement de Paris, faisant fonction d'officier de l'état-civil, sont comparus le sieur Magnier, employé à l'envoi des lois, âgé de soixante-onze ans, demeurant à Paris, rue Grétry division Le Pelletier, et Louis Beaufumé, âgé de cinquante-deux ans, demeurant même rue, n° 5. Lesquels nous ont déclaré que Angiolo-Marie-Gaspard

Vestri, ancien artiste, âgé de soixante-dix-huit ans, de Florence, paroisse Saint-Pierre-le-Majeur, veuf de Rose Gombaut, est décédé ce jourd'hui à six heures du matin, à Paris, rue Saint-Pierre, n° 9, division du Mail.

Lesquels déclarants ont signé...

(ARCHIVES DE LA SEINE. *Reconstitution des actes de l'état civil de Paris.*)

CHAPITRE XI

MADEMOISELLE HEINEL

Vestris maître et compositeur des ballets. — Présentation d'Auguste Vestris.— Vestr'Allard.— Vestris et Gluck. — Une plaisanterie de Gardel.— Un mot de Gaétan. — Querelles d'artistes. — Une fantaisie du prince de Conti. — Dissensions entre Vestris et Mlle Heinel. — Scandale. — Rancune tenace. — Mlle Dorival. —Elle se dispute avec Gaétan. — Dorival en prison. — Charivari. — Vestris hué.

Tous les Vestris avaient suivi avec le plus grand intérêt les débuts de leur belle-sœur. Ils avaient aussi, pour leur part, contribué à son succès en lui prodiguant leurs ovations bruyantes. En parents modèles ils aimaient à se soutenir et s'étaient réjouis de l'entrée d'Angiolo à la Comédie-Italienne. La famille Vestris voyait avec fierté un représentant de chacun de ses membres dans les trois théâtres du Roi. Un nouvel astre allait surgir.

Gaétan, après une disgrâce de quelques mois,

rentrait de nouveau à l'Opéra le 14 décembre 1767.
Réintégré à son rang de premier danseur [1], il
reprit bientôt son autorité sur le public, devant
lequel il triompha en paraissant aux côtés de
Mlle Guimard « dans une pantomime très voluptueuse » du ballet de *Dardanus* où ils excitaient
« les sensations les plus vives et les plus sou-
tenues dans l'âme des spectateurs [2] ».

Maître et compositeur des ballets, Gaétan obtint encore la survivance de Dupré pour la place
de directeur des écoles de danse avec deux
mille quatre cents livres d'appointements. Cette
dernière fonction l'obligeait à former des sujets,
mais Vestris ne s'empressait pas de satisfaire à
cette clause ; en artiste, il avait ses heures pour
éduquer, et M. de La Ferté se plaint de ce qu'engagé à présenter tous les trois mois les élèves
qu'il dresse, Vestris n'en fait rien. Il ne doit de
conserver ses gages qu'à la protection de M. le
comte de Saint-Florentin, depuis peu titré duc
de la Vrillière, ministre de la maison du Roi [3].

Gaétan devait prendre une revanche éclatante
sur le doute qu'on semblait apporter à son ha-
bileté de professeur.

Le fils qu'il avait eu de Mlle Allard, le jeune

1. *Mémoires secrets*, tome III (14 décembre 1767).
2. *Mémoires secrets*, tome III (4 février 1768).
3. Boysse. *Journal de l'apillon de La Ferté*, 1887, in-8, p.280.

Marie-Jean-Augustin, était élevé soigneusement
par les deux danseurs, et dès son enfance, père et
mère se chargèrent de son éducation chorégraphique. Merveilleusement doué, Augustin, ou
plutôt Auguste, s'appliquait avec ardeur à ces
leçons d'un art dont ses parents étaient maîtres.
Aussi ne tarda-t-il pas à devenir un petit prodige.

Au mois de septembre 1772, les spectateurs
de l'Académie royale de musique, qui somno-
laient en écoutant la triste *Cinquantaine*, psal-
modiée par des artistes sans enthousiasme, furent
tirés de leur assoupissement quand le *Diou de
la danse* apparut vêtu du plus riche et du plus
sévère costume de cour, l'épée au côté, le chapeau sous le bras, conduisant sur le bord de la
scène un enfant de douze ans. Après avoir adressé
au parterre des paroles pleines de dignité pour
la sublimité de son art et les nobles espérances
que donnait l'illustre héritier de son nom, il se
tourna d'un air imposant vers l'enfant et lui dit:
« Allons, mon fils, montrez votre talent au public, votre père vous regarde [1]. »

Et le jeune candidat, par sa beauté, par sa
légèreté, par la grâce, la majesté qu'il tenait de son
père joints à l'enjouement de sa mère, transporta
l'assistance : « En le voyant danser on croirait

---

1. *Correspondance de Grimm, Diderot, etc*, édition. M. Tourneux, t. XII, p. 234 (note).

voir le grand Vestris à travers une lunette qui
rapetisse et éloigne les objets », s'écrie un contemporain [1].

Le *Mercure*, malgré l'illégalité de la naissance
du petit débutant, ne craignait pas de lui consacrer quelques lignes élogieuses.

Vestris, écrit-il, n'a point son égal par la réunion
de tout ce qu'on désire dans un danseur, si ce n'est
son fils de douze ans et demi, qui est un prodige de
talent qu'on ne peut se le persuader qu'en le voyant.
Il a débuté sur ce théâtre au grand étonnement de
tous les amateurs. La force, la précision, le brillant
de l'exécution, les grâces de sa personne, la finesse
de l'art, la beauté du maintien, l'intelligence, tous
les avantages d'une nature heureuse et d'un talent
consommé se trouvent réunis dans cet enfant. Il a
dansé les entrées de la chaconne du troisième divertissement. Il semble avoir été doué de divers talents réunis pour la danse par un père et une mère
qui sont les premiers dans le genre différent qu'ils
exercent [2].

Et tandis qu'il dansait, rien n'était, paraît-il,
plus plaisant que d'observer la tendre complaisance avec laquelle Mlle Allard et Vestris con-
templaient des coulisses leur petit bâtard. Ils

---

1. *Correspondance de Grimm, Diderot, etc.*, édition M. Tourneux, tome XII, p. 234 (note).
2. *Mercure de France*, octobre 1772, p. 153.

semblaient le couver des yeux, suivre tous ses pas, les diriger, l'encourager du geste et de la voix. Chaque applaudissement retentissait dans leur cœur, et la satisfaction répandue sur leur physionomie indiquait combien ils étaient reconnaissants envers lui [1].

La malignité, qui ne perd jamais ses droits, pour empreindre dans une même accolade le père et la mère, surnomma leur rejeton Vestr'Allard.

Auguste continua de danser comme élève à l'Opéra et de faire les délices des spectateurs ; il est aussi applaudi à la Cour où il clôture les représentations, le samedi 14 novembre 1772 [2].

En avril 1773, il paraît aux côtés de son père et de Mlle Guimard dans *Endymion*, ballet de la composition de Vestris.

La première scène, dit le *Mercure* qui analyse ce divertissement, représente un rendez-vous de chasse. Les Nymphes de Diane rassurent un enfant égaré qui les intéresse et charme leur cœur. Cet enfant est l'Amour. Diane survient, veut punir l'Amour et le fait enchaîner. Endymion délivre cet enfant qui par sa reconnoissance lui promet la plus belle victoire. Diane et les Nymphes veulent combattre Endymion. L'Amour défend son libérateur et triomphe

1. *Mémoires secrets*, tome XXIV (6 octobre 1772).
2. Boysse. *Journal de Papillon La Ferté*, 1887, in-8, p. 331.

de Diane. Les Nymphes surviennent poursuivies par
des Faunes : l'exemple de Diane les enga à céder.
L'Amour change la forêt en des bosquets délicieux
et paraît entouré des Grâces, des Jeux et des Plaisirs.

M. Vestris, le fils, représente l'Amour et met dans
sa danse tant de force, de noblesse, de précision,
que le spectateur est aussi enchanté qu'étonné de
son talent. Diane ne pouvoit être mieux figurée que
par Mlle Guimard et Endymion par M. Vestris [1].

Très faible compositeur, Gaétan n'a laissé que
deux ballets médiocres : *Endymion* et le *Nid
d'oiseau*, mais avec sa prétention ordinaire, il se
croyait bien supérieur à ses collègues, il se refusait à collaborer. M. de La Ferté note un de
ces petits incidents qui le tourmentent sans
cesse :

Mardi, 3 août 1773.

M. le Maréchal [Richelieu] m'a donné l'ordre de
faire faire les ballets des spectacles du mariage par
les sieurs Vestris et Dauberval conjointement avec le
sieur Laval. Mme Dubarry et M. le duc de Duras n'ap-
prouvent pas cet arrangement qui ne peut qu'occa-
sionner de l'embarras et de la tracasserie ; c'est ce
qui est arrivé.

Ayant fait part hier, aux sieurs Laval, Vestris et

1. *Mercure de France*, avril 1773, p. 173-174.

Gardel de cet ordre, le sieur Vestris est venu me retrouver une heure après, pour me dire qu'il ne pouvait travailler sous le sieur Laval en qualité d'aide et qu'il demandait à faire un opéra seul ; le sieur Dauberval s'en est allé tout de suite à Compiègne, et le sieur Laval m'a dit qu'il ne voulait point faire de ballet. J'ai montré à M. le duc de Duras un règlement de M. le Maréchal pour infliger des amendes aux comédiens qui, ayant des maisons de campagne, négligent leurs devoirs. Il l'a approuvé mais... [1].

Toujours aussi intraitable Gaétan ne craignit pas un jour d'exiger de Gluck qu'il ajoutât un air pour la reprise d'*Iphigénie* afin de faire danser son fils, et comme il se plaignait au chevalier que cet opéra ne se terminait pas par une chaconne, Gluck essaya de lui faire comprendre que dans un sujet aussi sérieux les sauts et les cabrioles seraient déplacés ; mais Vestris tenait à sa chère chaconne et y revenait : « Une chaconne, reprit le musicien impatienté, est-ce que les Grecs, dont il faut peindre les mœurs, en avaient ? — Ils n'en avaient pas ? fit le danseur étonné, ma foi tant pis pour eux [2] ! »

De fait Vestris n'avait pas de grandes connaissances, son ignorance se cachait sous sa for-

---

1. BOYSSE. *Journal de Papillon. La Ferté*, 1887, in-8, p. 351.
2. *Correspondance secrète dite de Métra*, 1887, in-12, tome I, p. 178, 220.

fanterie tapageuse, cependant il est douteux que
sa sottise ait été jusqu'au point de justifier l'a-
necdote suivante :

Son Altesse Mgr le comte d'Artois, voulant donner
à Vestris des preuves de son contentement, lui accorda
une permission de chasse qu'il sollicitait depuis longtemps. Muni de cet agrément, son orgueil le porta
à montrer à tous ses camarades ce témoignage au-
thentique de ce qu'il appelait l'attachement de Son
Altesse. Le sieur Gardel, connaissant parfaitement
toute l'étendue de l'ignorance du présomptueux
Vestris, parut désirer examiner cette permission, que
l'autre lui confia. Tout en le félicitant de cet avantage, il y substitua un morceau de papier d'égale
grandeur, qui lui fut glissé adroitement par une danseuse. Le sieur Vestris remit au lendemain à faire
usage de son privilège ; mais quel fut son étonnement, lorsque arrêté par un garde, et voulant prouver
son droit, il entendit faire lecture d'un mémoire de
blanchisseuse au lieu de la permission qu'il croyait
fermement avoir. Déconcerté, ne sachant comment
s'y prendre, il fut obligé de supplier le garde de le
conduire chez un des capitaines des chasses du prince
auquel il fit part des bontés de Son Altesse et du tour
qu'on lui avait sans doute joué : l'affaire devenait
très embarrassante ; mais le sieur Gardel, informé
de la détresse où se trouvait son ami, vint l'en tirer
en lui rapportant sa permission et en l'invitant à
manger sa part du gibier qu'il avait tué en son nom.
Le fait, éclairci, tourna à la confusion du célèbre

danseur qui, baffoué, chargé de ridicule, fut obligé d'avaler la pilule, et de prendre patience [1].

Les démêlés entre Vestris et Gardel étaient fréquents et si l'histoire précédente est suspecte en voici une plus vraisemblable :

Gardel, maître de danse de la reine, et l'émule de Vestris à l'Opéra, a fait ou fait faire en son nom un livre sur son art où le ballet de Médée est cité comme un ouvrage de Noverre. Il est hors de doute que les changemens par lesquels Vestris s'est permis de le gâter n'empêchent pas que cette production n'appartienne au danseur germanisé. Notre *grand homme*, comme il s'appelle lui-même, s'est toutefois formalisé de ce que son confrère ne lui avoit pas fait tous les honneurs du ballet. Il l'a apostrophé vivement ces jours-ci dans les coulisses : « Dis-moi un peu, a-t-il demandé à Gardel, où as-tu pris que mon ballet de Médée a été donné à Manheim par Noverre, *l'as-tu vu ? et ton livre même, l'as-tu lu* [2] ? »

Le despotisme de Vestris s'exerçait surtout envers les danseuses ; il prétendait régner en maître et n'acceptait pas d'observations. Malheur à qui osait protester. Les foudres du « Diou de la danse » étaient bruyantes et ter-

1. *Le Vol plus haut*, 1784 in-8.
2. *Correspondance secrète dite de Metra*, 1787, in-12, tome III, p. 27.

ribles. Habituellement les jeunes danseuses baissaient la tête à ses réflexions saugrenues, elles se contentaient d'en rire intérieurement, quitte à prendre revanche plus tard. Mais le troupeau avait aussi ses brebis indociles. Le corps de ballet comptait des sujets revêches, demoiselles du grand air, réfugiées là pour se soustraire à la domination paternelle ou marï-tale et parvenues à la fortune par la capture de quelque céladon bien renté ; il y avait aussi les indépendantes, expertes dans l'art de danser mais rebelles aux moindres conseils, récrimi-nant sur tout avec entêtement. A celles là Ves-tris n'en imposait pas ; aux exhortations du maître, elles ripostaient vertement et le bruit de ces disputes arrivait souvent jusqu'au public toujours prêt à prendre parti. Alors Vestris devait parfois s'humilier, mais tant était grande sa vanité que la mortification subie ne le corrigeait pas ; l'inci-dent passé, il reprenait sa superbe habituelle. Quelques-unes de ces collisions sont restées mémorables. La première que nous rencon-trons eut lieu entre Vestris et Mlle Heinel qui pourtant devint plus tard la femme légitime du Diou de la danse.

Mlle Heinel était née à Bayreuth, le 4 octobre 1753. Elle apprit à danser sous la direction du sieur l'Epy, élève de Vestris, alors premier dan-seur de S. A. S. le duc de Wurtemberg et se produisit pendant l'année 1767 sur le théâtre de Stuttgard, pour venir ensuite débuter à Paris le 26 février 1768 [1]. Ce début composé de trois entrées différentes était formé d'un air dans le genre gracieux, d'une loure et terminé par un morceau de chaconne suivi d'une gavotte vive. Les amateurs firent un chaleureux accueil à la nouvelle danseuse ; ils lui trouvèrent une précision, une sûreté, un aplomb, une noblesse « comparables aux talents du grand Vestris [2] ».

Par sa manière noble, majestueuse, accompagnée des grâces sévères de la haute danse, « on croyait voir Vestris danser en femme [3] ». La beauté de Mlle Heinel, grande, bien faite, les yeux largement fendus, de belles jambes supportant une très jolie personne, eut aussi sa part d'éloges ainsi que sa jeunesse avantageuse. Les fervents de la danse lui prédirent les plus brillantes destinées et les connaisseurs en charmes se disputèrent la gloire de se ruiner pour elle.

Mlle Heinel donna raison à ces augures ; sur le premier point elle acquit rapidement le titre de reine de la danse ; sur le second, elle accepta les bienfaits du comte de Lauraguais et du prince de Conti, encore que sa nature la fît surnommer la belle statue, soit que son tempé-

---

1. *Mercure de France*, mars 1768.
2. *Correspondance de Grimm, Diderot, etc...*
3. *Mémoires secrets*, tome III (9 mars 1768).

rament la portât naturellement à la froideur, soit
« qu'ayant été élevée dans les Cours du Nord
elle en ait pris la gravité majestueuse[1]». Ce qui
fit bientôt supposer qu'elle avait plus de goût
pour son sexe et qu'elle s'y adonnait sans réserve [2].

Des mauvais plaisants, des évincés peut-être,
assurèrent encore que la danseuse était atteinte
d'une maladie de peau fort désagréable qu'elle
communiqua au comte de Lauraguais à qui on
donna le titre de prince de Galles [3]. Le comte,
alors en brouille avec Mlle Arnould, payait grassement sa conquête, il lui avait meublé un appartement exquis et donné, en présent de noces,
trente mille livres [4].

Après le comte de Lauraguais, la beauté
imposante de Mlle Heinel tenta le prince de
Conti.

Homme de plaisirs, blasé par une vie déréglée
qui touchait à son terme, le prince étonna la
glaciale danseuse par les fantaisies amoureuses
dont il pimentait ses entretiens.

L'histoire est ainsi racontée :

Comme il y a peu de filles à Paris qui n'aient passé

1. *Mémoires secrets*, tome XIX (14 juin 1769, *addition*).
2. *Mémoires secrets*, tome VI (7 janvier 1773).
3. CAMPARDON. *L'Opéra au XVIIIe siècle*, in-8.
4. *Mémoires secrets*, tome III (28 mars 1768).

par ses mains, il a entretenu pendant quelque tems Mlle Heinel, célèbre danseuse de l'Opéra, mais qui passe pour avoir fort peu d'esprit ; cette fille ayant passé la nuit avec le prince de Conti, parut le lendemain assez peu satisfaite des plaisirs de la veille. Mlle Arnould connue par ses saillies lui demanda : « Eh ! qu'as-tu, mon enfant, tu me sembles toute triste, n'es-tu pas contente du prince ? — Non, mon amie, dit Mlle Heinel, je ne veux plus de commerce avec lui, il m'a joué un tour perfide. — Eh ! qu'est-ce, ma petite, conte-moi cela. — Imaginez-vous, dit la danseuse en hésitant, qu'il a voulu en user avec moi d'une manière fort extraordinaire ; enfin, comme on se sert à Rome des petits.... vous jugez bien que j'ai dû souffrir des douleurs affreuses. — Ah! ma pauvre enfant, reprit Mlle Arnould, j'entre dans ta peine, et je ne doute pas que cela n'ait été très difficile, car on n'est jamais si petit qu'auprès des grands [1]. »

Seul, le premier pas est pénible; aussi Mlle Heinel s'accoutuma aux caprices du prince de Conti dont elle fut la maîtresse jusqu'en janvier 1771 [2].

Au théâtre Mlle Heinel continuait à faire l'admiration du public et Vestris digérait mal les ovations que le parterre réservait à la danseuse.

1. *Correspondance secrète dite de Metra*, 1787, in-12, tome I, p. 35. Cf. CAPON-YVE-PLESSIS. *Vie privée du prince de Conti*, 1908, in-8.

2. BIBLIOTHÈQUE NATIONALE. *Manuscrits français*, 11360, f° 488.

La guerre couvait sourdement entre le *diou*
et la *reine* de la danse ; la moindre occasion
devait la faire éclater. L'événement qui mit le
feu aux poudres surgit au commencement de
février 1771 à propos d'un pas où Mlle Heinel
voulait figurer et dans lequel Vestris s'était
ménagé, en sa qualité de maître des ballets,
tout le brillant. Les réclamations de la danseuse, les injonctions du danseur transpirèrent
dans le public et excitèrent les cabaleurs contre
l'Italien. Quand Vestris eut dansé la chaconne
qui terminait l'opéra, il fut vigoureusement
sifflé. Outré contre sa rivale qu'il croisa dans
les coulisses et dans les yeux de qui il crut voir
le triomphe de l'avanie qu'il venait d'essuyer,
Vestris, peu capable de maîtriser sa colère,
s'emporta et vomit contre elle un torrent d'injures dont la moindre est le qualificatif de
catin qu'il lui lança publiquement. Mlle Heinel
s'en plaignit amèrement à Mlle Arnould qu'elle
rencontra : « — Que veux-tu ma chère, lui
répondit la spirituelle cantatrice, il faut se consoler de tout ; les gens aujourd'hui sont si
grossiers qu'ils appellent les choses par leur
nom [1]. »

Tout le monde cependant ne prit pas l'affront

---

1. *Arnoldiana*, 1813, in-12, p. 32.

aussi légèrement. L'altercation avait fait du bruit ; la scène et la salle étaient en rumeur. Chacun en parlait diversement, mais le plus grand nombre donnait tort à Vestris. Pendant quatre jours cette querelle d'histrions divisa la pétulante jeunesse du parterre. L'affaire fut portée devant le ministre de Paris et celui-ci crut devoir rendre justice à l'outragée. Le soir même les spectateurs approuvèrent la sentence qu'ils ignoraient encore en applaudissant avec une fureur indicible Mlle Heinel dans le ballet des *Fêtes grecques et romaines*, bien disposés à recevoir le lendemain Vestris avec une bordée de sifflets. De leur côté les admirateurs du diou de la danse prétendaient balancer le parti de Mlle Heinel et l'on s'attendait à une grande manifestation pour ce jour-là. Tous les jeunes gens s'étaient donné rendez-vous à l'Opéra afin d'y suivre chacun sa préférence et tapager en sa faveur.

Le complot avorta. On apprit que Vestris avait fait les excuses les plus soumises à Mlle Heinel. L'auditoire nombreux, venu dans l'intention d'humilier non le talent de Gaétan, mais son amour-propre, montra son indulgence ; il lui fît grâce et justice « en l'applaudissant à outrance du parterre, des loges et de partout ». Pour mériter un tel enthousiasme Vestris se surpassa dans la chaconne, la dansa dans la perfection et avec de si grands efforts qu'en sortant il se trouva mal [1].

Les ennemis ne se réconcilièrent pas pour cela. Buttés dans leur concurrence ridicule, ils donnent encore une preuve de leur antipathie deux ans après cet événement; elle est relevée dans les *Mémoires secrets* à la date du 1ᵉʳ novembre 1772 :

On sait la division qui règne à l'Opéra entre Mˡˡᵉ Heinel et le sieur Vestris : elle est telle que ces deux coryphées ne veulent point danser ensemble. Cependant à Fontainebleau, Mᵐᵉ la Dauphine ayant désiré voir un pas de deux, dansé par eux, ils n'ont pu s'y refuser et ils l'ont exécuté délicieusement. Les directeurs ont voulu profiter de cette circonstance pour en étayer les *Fragments* qu'ils viennent de remettre et ils ont inséré ce pas de deux dans les ballets. Mais cet accouplement a tellement déplu à Mˡˡᵉ Heinel, que dès le commencement du pas, elle a fait semblant de se donner une entorse et s'est retirée. Du moins, c'est une malice dont on l'accuse. Ses partisans assurent que son accident est vrai, mais il paroît que le public n'en est pas la dupe. Les directeurs sont outrés de leur côté et veulent faire révoquer le congé que cette danseuse avait obtenu pour aller passer son hiver en Angleterre [2].

---

1. *Mémoires secrets*, t. V, 9, 11 février 1771.
2. *Mémoires secrets*, t. VI, 1ᵉʳ novembre 1772.

On n'infligea pas cette rigueur à Mlle Heinel qui partit pour Londres en décembre [1].

Une autre danseuse ne craignit pas d'affronter le courroux de la « divinité danséïque ». L'audacieuse personne se nomme Dorival et exécuta ses premiers pas sur la scène de l'Académie royale de musique, en 1773. Possédant de grandes qualités, une figure charmante, Mlle Dorival était néanmoins notée comme une mauvaise tête, capricieuse, toute à ses plaisirs [2]. Sans avoir de prévention contre Vestris, Mlle Dorival n'entendait pas se laisser molester quand elle croyait être dans son droit. Elle l'affirma lorsque le 1er août 1776, à la suite d'une répétition, elle s'entendit traiter de « rognole » et menacer d'aller coucher au For-l'Évêque. Tout cela parce qu'elle avait fait remarquer à Vestris que le pas qu'il la chargeait d'exécuter n'entrait pas dans son genre. Révoltée des propos malsonnants du danseur, Mlle Dorival n'hésita pas à porter la plainte suivante au commissaire Bourderelle :

L'an 1776, le mardi 6 août, cinq heures de relevée, en l'hôtel et par devant nous Benjamin Bourderelle, etc., est comparue demoiselle Anne-Marguerite Dorival, de l'Académie royale de musique, demeu-

1. *Mémoires secrets*, t. VI, 21 décembre 1772.
2. ARCHIVES NATIONALES O^1 616.

rant à Paris, rue Saint-Marc, paroisse Saint-Eustache :

Laquelle nous a dit que le jeudi premier de ce mois, après la répétition générale des *Romans*[1] elle représenta au sieur Vestris, maître et compositeur des ballets, que l'un des airs de danse qu'il lui avait distribué ne convenoit pas au caractère de danse qu'elle a adopté et pour lequel elle est engagée à l'Opéra; que cette représentation, quoique faite avec douceur et honnêteté, irrita le dit sieur Vestris au point qu'en présence de leurs camarades il traita la demoiselle comparante de petite-fille, d'impertinente, de rognolle, lui dit qu'elle étoit la dernière des danseuses et qu'elle étoit sans talens; qu'alors ladite demoiselle comparante ne put entendre de sang-froid de pareilles injures dont le public fut témoin et répondit au sieur Vestris qu'elle ne danserait pas l'air en question; que le dit sieur Vestris encore plus irrité a redoublé ses injures, en sorte que la dite demoiselle Dorival a pris le parti de se retirer; que cependant le lendemain vendredi elle s'est présentée à la première représentation du dit opéra y a dansé et rempli son rôle; que le dimanche suivant elle a encore dansé de manière que le dit sieur Vestris, ni personne ne purent lui imputer d'avoir manqué à son devoir; que cependant le dit sieur Vestris a excité contre la comparante la direction de l'Opéra et s'est vanté hautement qu'il forceroit la dite demoiselle

1. Ballet en quatre entrées, paroles de Bonneval, musique de Niel, représenté pour la première fois en 1736, repris en 1776 avec une musique nouvelle de Cambini.

comparante à lui faire une réparation, sinon qu'il la
feroit emprisonner, qu'il a été même jusqu'à dire que
l'ordre était obtenu et qu'il en auroit une satisfaction ; que ladite demoiselle comparante a eu peine à
se persuader qu'une pareille querelle pût donner lieu
contre elle à un ordre rigoureux ; qu'elle a eu l'honneur de donner des mémoires à M. Amelot, et à
M. le lieutenant général de police ; qu'en même tems
elle a envoyé à la direction de l'Opéra la copie de
ces mémoires, que la réponse qu'elle vient de recevoir de M. Berton, l'un des directeurs de l'Opéra, est
une preuve non équivoque de la surprise faite à la
religion du ministre, puisqu'il annonce à la dite demoiselle comparante qu'elle sera arrêtée ce soir si
elle ne se soumet à faire au dit Vestris une réparation publique ; que la réparation n'est due qu'à celui qui est offensé et certainement c'est la dite demoiselle comparante qui se voit en droit d'en exiger,
puisque c'est elle qui a reçu l'offense et une offense
publique. Ajoute la dite demoiselle: que le sieur
Vestris se prévale de la subordination due au maître
de ballets à la bonne heure ! Mais la dite demoiselle
comparante n'y a pas manqué ; elle a au contraire
rempli son service. Que les directeurs épousent la
querelle du dit sieur Vestris, maître des ballets, contre une danseuse, ils le devraient si la dite comparante s'était écartée de son devoir vis-à-vis du maître
des ballets et dans le cours d'une répétition ou d'une
représentation ; mais, hors de la scène tout ce qui se
passe entre un danseur et une danseuse est une querelle particulière qui n'intéresse point les dits sieurs
directeurs ; qu'il seroit fort étonnant que le dit sieur

Vestris eût trouvé le moyen d'engager les dits sieurs
directeurs dans sa vengeance et qu'ils se soient joints
à lui pour surprendre un ordre du ministre; surtout
que le dit sieur Berton, l'un des directeurs, est forcé,
par la lettre qu'il a écrite aujourd'hui à la dite demoiselle comparante, de convenir que le dit sieur Vestris a commencé par mettre trop de vivacité vis-à-vis
d'elle, laquelle lettre elle représentera en temps et
lieu. Ajoute en outre la dite demoiselle comparante
que les dits sieurs directeurs n'ont pu surprendre le
dit ordre qu'en faisant de la cause particulière de
leur maître des ballets une cause d'État; que s'il étoit
vrai que la surprise eût des suites et que la dite demoiselle fût privée de sa liberté, elle espère de la
bonté du roi et de la justice du ministre que sa liberté lui sera promptement rendue. Et comme la demoiselle comparante a l'intérêt de constater ce qu'elle
avance par sa déclaration ci-dessus, elle s'est rendue
par devant nous pour le faire.

Signé : Dorival ; Bourderelle[1].

Les réclamations de Mlle Dorival, bien que
justifiées, restèrent vaines. Vestris obtint contre la jolie ballerine une lettre d'incarcération.
Grande rumeur dans les coulisses à l'annonce
de l'emprisonnement de la danseuse, murmure
qui a sa répercussion le soir dans la salle,

1. Archives Nationales, Y, 11793. Cf. Campardon. L'Opéra
au XVIIIe siècle, 1883, in-8, tome I, p. 257.

car Mlle Dorival était bien vue des habitués.
Aussi l'apparition de Vestris souleva la tempête.
Un vacarme infernal accueillit le diou qui resta
interdit dans son vaporeux costume de galant
berger.

— La Dorival !... Vestris au For-l'Évêque !
criait-on de toutes parts.

En vain le danseur essaye d'une harangue
pour expliquer sa rigueur, le charivari ne fait
que croître. Hué par l'assistance, blâmé par
ses camarades, pressé par ses supérieurs, Vestris dut se soumettre au vœu général. En hâte
il se fait conduire au For-l'Évêque en compagnie de l'inspecteur de police. Ils trouvèrent
Mlle Dorival subissant sa peine en joyeuse compagnie devant « une table chargée de cristaux, de
fruits et de bouteilles dont la plupart étaient
déjà vides ». On chantait gaîment au milieu des
éclats de rire.

Vestris, penaud de sa mission, mais non pas
déconcerté, ayant lui-même passé de bons
moments dans cette prison, dit en s'appro-
chant :

— Mademoiselle, vous êtes libre, on vous réclame
en scène.

— Vraiment, monsieur, on me réclame en scène,
mais je suis très bien ici.

— Mademoiselle, je vous en prie.

La jeune prisonnière, n'avait pas l'animosité de Mlle Heinel. Bonne fille, elle n'exigea de Vestris qu'une libation à sa santé. Deux bouteilles de champagne fu.ent encore vidées et Mlle Dorival, ramenée à l'Opéra, fit bientôt son entrée devant la salle trépignante [1].

Mlle Dorival n'a été que deux heures au For-l'Évêque, racontent les *Mémoires secrets*, elle a dansé le dimanche 18, avec des applaudissements plus considérables que de coutume ; au contraire, le sieur Vestris a été hué ; heureusement l'impudence de ce danseur l'a soutenu et ne l'a pas empêché de danser comme un Diou [2].

Aguerri à toutes ces petites difficultés, plein de son importance, aveugle sur ses ridicules, Vestris, sifflé comme tyran grotesque, reprenait toujours son ascendant sur le public par son talent prestigieux.

---

1. Funck-Brentano. *Le For-l'Évéque*, 1902, in-12; p. 229.
2. *Mémoires secrets*, tome IX (21 août 1776).

CHAPITRE XII

UNE MUTINERIE A L'OPERA

Les malcontents de l'Opéra. — Directions éphémères.
— Réformes impopulaires. — Vestris conduit les
rebelles. — M. de Vismes. — Ses sarcasmes. — Reparties de Vestris. — Refus de danser. — Auguste
insoumis. — Une fête troublée. — Le père et le fils
au For-l'Évêque. — Amende honorable.

Vestris n'était pas le seul sujet pointilleux de
l'Opéra. A côté de lui intriguait la célèbre Terpsichore, Mlle Guimard, non moins susceptible,
non moins irritable, non moins aveuglée par
son talent ; et, près d'eux, les premiers chanteurs, les premières chanteuses, voire même
l'orchestre et les chœurs, cherchaient à imposer
leurs exigences. Pour la moindre vétille c'était
une levée de boucliers contre l'administration ;
boucliers de théâtre en fer battu, ils résonnaient
bruyamment et, malgré leur fausseté, ils trouvaient toujours dans la foule des oisifs, dont
Paris a constamment fourmillé, des gens pour

les écouter, prendre parti, envenimer le débat.
Aussi la direction de l'Académie royale de musique, continuellement en butte aux réclamations,
ne pouvait résister longtemps contre les menées, les cabales fomentées par toutes les ambitions orgueilleuses de la troupe.

Depuis qu'à la suite du déficit de 252.909 livres, amené par la direction Tréfontaine, la
Ville de Paris avait pris le gouvernement de l'Opéra en 1749, on avait vu tour à tour se
succéder des gérances sans stabilité. Rebel et Francœur en 1754 abandonnèrent la place pour
Royer qui la passa en 1755 à Bontems et Levasseur. Deux ans plus tard Rebel et Francœur se
partageaient de nouveau la gestion et se maintenaient jusqu'en 1766. A cette date, Trial et Berton en prirent possession; mais en 1769 ils résilient le bail avec la Ville tout en restant gérants
avec Dauvergne et Jolliveau. La nouvelle combinaison dura jusqu'en 1776. C'est alors que la
Ville, lassée, renonça à la direction qui fut prise par MM. de La Ferté, Des Entelles, son neveu,
intendant des Menus, De La Touche, Bourboulon, financier, Hébert, trésorier des Menus, et
Buffaut, ancien négociant.

A peine à la tête du « sérail des grands »,
cette association ambiguë voulut réformer brusquement les usages consacrés par le temps.

Immédiatement on se gausse des novateurs, la caricature s'en empare.

L'épidémie qui règne parmi nous, trouve-t-on dans la *Correspondance secrète* à la date du 2 mai 1776, a gagné l'Opéra. Messieurs les nouveaux directeurs réforment et ont obtenu deux arrêts du Conseil, l'un portant des règlements pour le public et l'autre pour les acteurs et danseurs. Il y a de la fermentation dans cette petite République, les nouveaux chefs entrepreneurs ne plaisent point aux différents membres. Ils ont fait une caricature assez plaisante sur leur compte. On voit ces directeurs, dans une estampe, assemblés et faisant comparaître leurs nouveaux sujets à leur tribunal. M. de La Ferté tient la canne levée pour battre ceux qui manqueront de respect ; son neveu, comme le plus jeune, lit les nouveaux règlemens ; M. Hébert s'occupe à serrer les sacs d'argent dans ses poches ; M. Buffaut, ci-devant marchand de soieries, mesure avec une aune la voix d'un grand flandrin de chanteur placé devant lui, la bouche béante et fendue jusqu'aux oreilles ; M. Bourboulon, financier, chiffre les pièces de deux sols qu'on pourra donner par pas à chaque représentation, à un danseur qui bat devant l'assemblée des entrechats [1]

Impopulaire dès son avènement, la direction eut à subir les assauts du corps de ballet : Mlle Guimard entraîna Gardel et Vestris décida

---

1. *Correspondance secrète* (dite de Métra), 1797, in-12, t. III, p. 57-58.

Mlles Allard, Peslin et Heinel avec qui il avait fait la paix [1].

L'Académie royale de musique, écrit de nouveau Métra, est déchirée par ces divisions intestines qui ne s'alimentent jamais qu'aux dépens du public. Les grands danseurs et les danseuses surtout se sont plaints de n'être pas assez payés et ont menacé d'abandonner l'Opéra à son triste sort [2].

La mutinerie, Vestris en tête, devenait plus menaçante, il fallait un directeur à poigne pour mater les rebelles que l'association, hésitante et tiraillée, se sentait incapable de retenir. Ce fut un M. de Vismes de Valgay qui prit la charge en mai 1778, avec tout un plan de réformes.

Il fit raccourcir le théâtre, diminuer l'orchestre, augmenter le nombre des loges à l'année ; il économisa sur la lumière dans la salle pour donner plus d'effet à l'éclairage du théâtre (chose que nous avons reprise de nos jours), agrandit les lucarnes des loges, les garnit de glaces et livra aux amateurs un spectacle varié grâce aux bouffons italiens, aux opéras entremêlés de ballets pantomimes. Ces changements furent d'un heureux résultat ; le public trouvait que l'Opéra n'avait jamais réuni plus de suffrages et

1. *Journal de Théâtre*, 1er août 1776, p. 63.
2. *Correspondance secrète*, tome III, p. 216.

que M.de Vismes élevait « l'empire» à un degré de prospérité qu'il n'avait jamais eu.

Il n'en était pas de même du troupeau qu'il avait sous sa férule. M. de Vismes gouvernait avec une main de fer, mais sans gant de velours. Sur la porte de son bureau où il avait fait graver les mots : *Ordre, Justice, Sévérité,* ces demoiselles de la *tourbe dansante* en firent rayer le dernier[1]. Ce fut bien pis quand il voulut réduire les honoraires de tous les ordres qu'il avait sous sa tutelle. Les grandes puissances se révoltèrent, on le nomma le *Targot de l'Opéra.* Premiers chanteurs, musiciens, chœurs, auteurs, compositeurs protestèrent énergiquement ; les sujets de la danse ne furent point les derniers à s'élever contre cette mesure :

Le sieur Vestris, écrit M. de La Ferté, a cru devoir réclamer contre la disposition de l'article 14 du règlement par lequel Sa Majesté a fixé le feu de la première classe de la danse à deux cents livres pour dix représentations ; en conséquence il a fait faire un mémoire et a engagé les sieurs Gardel, Dauberval, Mlles Guimard, Allard, Heinel et Peslin à le signer ; les demoiselles Heinel et Allard l'ont fait probablement par complaisance[2].

1. *Correspondance de Grimm, Diderot, etc.,* édit. Tourneux, tome XII, p. 96.
   *Correspondance secrète de Métra,*1787,in-12,tome VII, p.266.
2. ARCHIVES NATIONALES, 0¹616, *papiers de Papillon de La Ferté.*

Au milieu des revendications qu'il exposait dans son mémoire, Vestris s'affligeait sur la danse, « cet art, qui par sa nature est de toutes les nations, a le désagrément de se voir humilier par une préférence qui ne doit plus exister », parce qu'on parlait de donner un opéra sans ballet. Les passions surchauffées agissaient sur tous les grands talents qui soutenaient encore le théâtre lyrique. Les grands mots d'indépendance et de liberté retentirent « dans tous les boudoirs et dans toutes les coulisses ».

M. de Vismes commença par mépriser ces criailleries, sachant qu'on ne corrige les abus qu'en déplaisant aux intéressés, mais il eut le grand tort de ne pas ménager les mécontents comme il l'aurait dû. Il blessa la délicatesse de leur fragile amour-propre dans plusieurs occasions de la manière la plus révoltante. « Il a fait comme les ministres maladroits, il n'a pas su apprécier la force de ses ennemis, aveuglé par la faveur du public. » Ainsi les danseuses lui représentant un jour qu'elles dansaient beaucoup plus que sous les autres règnes et qu'il serait juste d'augmenter leur salaire, il répondit « qu'elles étaient trop heureuses d'être attachées à un spectacle sans la protection duquel leur vertu serait sans cesse sous la couleuvrine de la police » [1]. Nos vestales indignées de ce

1. *Correspondance de Grimm.*

langage tournèrent le dos. La guerre fut déclarée à outrance.

Mlle Guimard, s'étant vu refuser un habit
neuf, coupa le sien en mille pièces et envoya
les morceaux à M. de Vismes qui fut obligé d'en
faire tailler un autre. Ce n'est qu'après beaucoup
de prières qu'il réussit à obtenir qu'elle dansât.
Chez elle, dans son beau temple de Terpsichore, à la Chaussée d'Antin, se tenaient des
congrès dont Vestris déclarait hautement qu'il
en était le Washington. De ces assemblées sor-
tait le mot d'ordre de résistance.

Commandée pour danser, Mlle Guimard répondait : « — Le ministre veut que je danse. Eh
bien ! qu'il y prenne garde ; moi, je pourrais
bien le faire sauter. » Et quand on rapportait
au Roi ces impertinences, il observait à ses
courtisans : « — C'est votre faute, messieurs ; si
vous les aimiez moins, elles ne seraient pas
si insolentes. »

Vestris dans ses fréquentes algarades avec
M. de Vismes, ne restait pas en arrière, il avait
toujours un mot heureux pour clore le débat.
Un jour qu'il répondait irrévérencieusement
à son directeur, celui-ci s'avisa de lui dire :
« — Mais, monsieur Vestris, savez-vous à qui

Les sujets de l'Opéra ne pouvaient être enfermés que sous
un ordre exprès du ministre de Paris.

vous parlez? — A qui je parle? Au fermier de mon talent », répliqua le Diou de la danse, superbe.

Et le grand Vestris comparait le directeur à son chapeau qu'il tenait entre le pouce et l'index et qu'il laissait choir en ouvrant les doigts. Que ferait de Vismes sans Vestris?

Ces scènes, plaisantes pour la galerie, se renouvelaient tous les jours, les esprits s'aigrissaient et les tracasseries devenaient plus vives et plus fréquentes. Le berger de ce troupeau indocile se voyait sans cesse forcé de réclamer l'appui de l'autorité; et l'autorité même, aux prises avec les chefs de l'opposition, était réduite à dissimuler son ressentiment pour ne pas porter l'esprit de sédition à son dernier période.

Le but des danseurs était d'amener l'intrus à la retraite, mais M. de Vismes, têtu, résistait malgré l'effort des alliés puissants de ces dames : le prince de Soubise, qui comptait un nombre respectable de maîtresses dans le sérail, et le comte de Mercy-Argentau, amant de Mlle Rosalie Levasseur, chanteuse appréciée.

Un événement mit le comble au désordre. Vestris et Dauberval, attendus pour danser, se montrent dans les coulisses en habit bourgeois et refusent de paraître sur la scène. On s'adresse alors au jeune Auguste pour doubler son père dans le ballet d'*Armide*. « Le jeune Vestris, dans l'âge encore où l'on connoit la soumission, allait danser. Son père court à lui : — Arrête malheureux ! si tu danses je t'empêcherai de porter le nom du grand Vestris. »

Auguste obéit à la voix paternelle et répond au directeur qui lui faisait des reproches sur son insoumission : « — C'est à mon père avant vous que je dois obéir [1]. »

Un autre ordre suivit qu'il fallut bien observer, c'était celui de se rendre sur-le-champ au For-l'Évêque. Rien ne fut plus touchant que les adieux du père et du fils : « Allez, lui dit le Diou de la danse, allez, mon fils, voilà le plus beau jour de votre vie. Prenez mon carrosse et demandez l'appartement de mon ami le roi de Pologne, je paierai tout [2]. »

Auguste eut bientôt des compagnons de captivité.

Les journaux avaient annoncé, avec grand tapage, l'union d'un couple indigent, dont la troupe dansante de l'Académie de musique faisait les frais et qu'elle devait doter en réjouissance des couches de la reine. La fête devait avoir lieu au Wauxhall d'hiver, mais au dernier moment le Roi défendit cette ripaille, sous

1. *Correspondance secrète de Métra*, 1787, in-12, tome VII, p. 282.

2. *Correspondance de Grimm, Diderot, etc.*, édit. Tourneux, tome XII, p. 234.

le fallacieux prétexte que ce serait parodier la Cour. Cette raison pitoyable n'arrêta pas Mlle Guimard.

Elle transporta la fête dans son hôtel qui renfermait tout le nécessaire pour recevoir la noce, avec ses fastueux salons et sa coquette salle de spectacle. La cérémonie se poursuivait joyeusement lorsque quelqu'un troubla la fête. Pendant le repas, un inspecteur de police vint interrompre ces agapes en exhibant une lettre de cachet portant l'ordre de conduire Vestris et Dauberval au For-l'Évêque. C'était la punition de leur révolte contre M. de Vismes et d'avoir refusé de danser « le mardi précédent » [1].

Comme tout le monde s'occupait des affaires de l'Opéra, qu'il en était plus question dans les soupers que des pertes subies par notre commerce, que de la prise de Pondichéry ou de la malheureuse expédition de Sainte-Lucie, on commenta différemment ce coup de force.

Le public est satisfait de l'administration de M. de Vismes, disaient les uns, et la canaille qui se refuse de s'y soumettre, finira sans doute par baisser son front superbe et impudent [2].

D'autres trouvaient néfaste l'éclectisme de ce

---

1. *Mémoires secrets*, tome XIII (14 février 1779).
2. *Correspondance secrète de Metra*, 1787, in-12, tome VII, p. 282.

même directeur pour tous les genres de musique : Gluck, Piccini, opéras, opéras bouffons, ballets à chaconne, ballets à pantomimes, etc., indistinctement représentés. Enfin on craignait aussi les démissions collectives des artistes, qui plus que jamais s'insurgeaient contre l'autorité directoriale.

Après quelques jours d'emprisonnement, Vestris se remit à la tête des révoltés. Comme le Parlement, l'Assemblée des comédiens fit ses très humbles remontrances, elle envoya des députations à Versailles, menaça de suspendre ses augustes fonctions, et exigea avec respect le congé du directeur. Le Roi ennuyé par toutes ces discussions fit sentir aux rebelles que les plus grands talents ne sont pas indispensables. Enfin la Ville reprit la direction, avec M. de Vismes comme régisseur, et le 20 mars 1779, on annonce :

Les troubles de l'Opéra ont été apaisés, par la punition des auteurs du schisme. Dauberval a été renvoyé sans pitié pour ne pas dire chassé : défense à lui de venir au spectacle de l'Opéra même pour son argent ; Mlles Duplan et Beaumesnil, congédiées aussi durement ; injonction très-vive à Mlle Guimard et aux Vestris d'être plus circonspects à l'avenir. Cet exemple de sévérité a déterminé le tripot à venir en corps faire une soumission à M. le Prévot des Marchands et au corps de la Ville dont M. de Vismes est

le représentant, pour la direction de la lubrique
académie. C'est Larrivée qui a été le médiateur de
cette paix et en considération de cette démarche une
amnistie générale a été prononcée. Dauberval même
y a été compris et est rentré au théâtre. Les seules
Beaumesnil et Duplan, dont l'amour-propre n'a point
plié, ont été exceptées du pardon universel [1].

Ce grand combat fit plus de bruit que de victimes, et la paix qui suivit fut aussi plus appa-
rente que réelle. En avril 1780 le roi retira à
la Ville le privilège de l'Opéra et confia les rê-
nes de ce rétif empire à M. Berton. Louis XVI
faisait régir lui-même l'Académie de musique
sous les ordres immédiats du secrétaire d'État,
M. Amelot, et sous l'inspection de M. Berton
en associant à sa nouvelle entreprise les directeurs et les principaux sujets pour les bénéfices.
Le compositeur Berton ne garda pas longtemps
ses fonctions ; il mourut le 14 mai de la même
année et sa succession à l'Opéra revint au musicien Dauvergne. Il aura, lui aussi, à supporter
les chicanes des Vestris.

1. *Correspondance secrète de Metra*, tome VII, p. 351-352.

CHAPITRE XIII

VESTR'ALLARD

Progrès d'Auguste. — Son rapide avancement. — Jugement de Noverre. — Appréciation de Mme Vigée-Lebrun. — Admiration de Gaétan. — Critique d'un père. — En Angleterre. — Auguste lapidé et applaudi. — Plaisanterie à ce sujet. — Paris manque de perdre Vestr'Allard. — Admiration d'un étranger pour Auguste. — Vestris à Lyon. — Une représentation en province. — Triomphe de Vestris fils.

Tandis que Vestris, à l'apogée de sa gloire, abuse de sa suprématie, que le titre de Diou de la danse, qu'on lui avait d'abord donné par plaisanterie, lui reste « parce que réellement il n'est guère possible d'être plus parfait que lui »[1], son fils Auguste, dit Vestr'Allard, grandissait façonné à son image. Dressé par des maîtres tels que le grand Vestris et la joyeuse Allard, il réunissait leurs qualités ; alliant la noblesse de

---

1. *Le Nouveau Spectateur*, 1er avril 1776.

l'un à la gaîté de l'autre, il atteignit rapidement, grâce à ses dispositions particulières, une maîtrise sans pareille dans un genre qu'il créa et qui est qualifié par les professionnels : « demi-caractère comique » [1].

Auguste, reçu à l'Opéra en 1775, devient danseur seul en 1776, et le 29 mars 1778 on décide à l'assemblée des gentilshommes de la chambre « d'accorder des grâces particulières au sieur Vestris fils, jusqu'à ce qu'il y ait une place vacante dans un ballet du roi » [2].

Gaétan Vestris, en 1780, ne trouvant pas assez rapide l'avancement de son fils, réclame et menace de lui faire quitter le théâtre si on ne donne pas à Auguste un emploi de premier sujet [3]. M. Amelot, secrétaire d'État, écrit alors à M. de La Ferté :

A l'égard du sieur Vestris fils, j'ai vu ce matin M. Dufresne qui m'a dit que M. Necker n'avait rien résolu. Je viens cependant de convenir avec M. Le Breton qu'on lui écriroit une lettre par laquelle on lui annonceroit qu'on le mettait au rang de premier sujet afin de flatter d'abord son amour-propre et que l'on sache dans le public que l'on avait fait cette démarche auprès de lui dont il devrait être content, puisque l'on enfreignait les règlements [4].

1. Archives nationales, O¹616.
2. Boysse *Journal de Papillon La Ferté*, 1887, in-8, p. 417.
3. Archives nationales, O¹616.
4. Archives nationales, O¹615.

Et Vestris fils reçoit la lettre suivante :

Paris, 26 *mars* 1780.

Le Ministre du Roi, Monsieur, content des services que vous avez rendus jusqu'à ce jour à l'Académie royale de musique ; reconnoissant la supériorité
de vos talens me charge de vous annoncer qu'il vous
met au rang des premiers sujets. Cette faveur à votre
âge dot vous encourager à faire de nouveaux efforts
pour mériter de plus en plus, les justes applaudissemens du public.

Je suis très parfaitement, Monsieur, votre très
humble et très obéissant serviteur [1].

L'emploi de premier sujet, jalousé par le fils de
Gardel, et créé pour Vestris, devait être bientôt
suivi d'une gratification en guise d'honoraires.

M. Necker répond à M. Amelot sur cette
question :

15 *juillet* 1780.

J'ai reçu, Monsieur, la lettre dont vous m'avez
honoré au sujet de celle que vous proposez d'écrire
à M. de La Ferté pour assurer au sieur Vestris fils
la gratification annuelle de quatre mille huit cents
livres qu'il a demandée pour se fixer au service de
l'Opéra. Puisqu'on ne peut s'empêcher de lui donner
un titre ; il me semble en effet, Monsieur, que la

---

1. ARCHIVES NATIONALES, O¹615.

forme de celui-ci a moins d'inconvénient que tous les autres et je ne puis sur cela qu'être parfaitement de votre sentiment... [1]

Et le ministre finit en demandant le plus grand secret sur cette faveur.

Le public ratifiait de son approbation ces marques de distinction. Noverre, qui depuis 1776 avait succédé à Vestris dans la place de maître et compositeur des ballets de l'Opéra, admire lui-même, avec compétence, la danse du jeune Auguste.

Le danseur le plus étonnant de l'Europe, écrit-il, Vestris le fils, élève de son père, parut à l'Opéra dès l'âge le plus tendre. Son début dans le genre fut un triomphe ; aplomb, hardiesse, fermeté, brillant, belle formation de pas, oreille sensible et délicate...

... Gardel l'aîné mourut et la danse prit une route nouvelle. Ce fut Vestris le fils qui la lui traça ; ce fut lui enfin que l'on prit pour modèle. Volant de ses propres ailes, n'écoutant que les conseils du caprice et de la fantaisie, il renversa l'édifice auguste que les élèves chéris de Terpsichore avoient élevé à cette Muse.

Vestris composa un nouveau genre d'architecture où tous les ordres, les proportions furent confondus et exagérés. Il fit disparaître les trois genres connus

---

1. ARCHIVES NATIONALES, 0¹615.

et distincts ; il les fondit ensemble et en fit un de
cet amalgame.

Toute la jeunesse cria au miracle ; Vestris le père
faisait la pirouette beaucoup mieux que son fils,
mais il ne le prodiguait pas, il la faisait désirer.
Aujourd'hui cet ornement de la danse en fait le
fond principal. Le Vestris d'aujourd'hui ne l'exé-
cute pas avec douceur, il la tourne avec une vélo-
cité extraordinaire, et lorsque le centre de gravité l'avertit de sa chute, il s'arrête en trépignant
fortement des pieds. Si ce dernier mouvement n'est
pas le miracle de l'équilibre, c'est celui de l'adresse,
de la prudence, de la nécessité [1].

Mᵐᵉ Vigée-Lebrun apprécie de son côté le
talent du jeune Vestris :

A Vestris père, dit-elle, a succédé Vestris fils, le
danseur le plus surprenant que l'on puisse voir, tant
il avoit à la fois de grâce et de légèreté. Quoique
nos danseurs actuels n'épargnent point les pirouettes,
personne bien certainement n'en fera autant qu'il en
a fait, puis tout à coup, il s'élevait au ciel d'une
manière si prodigieuse qu'on lui croyait des ailes ;
ce qui faisait dire au père Vestris : « Si mon fils
touche la terre, c'est par procédé pour ses camarades [2]. »

1. NOVERRE. *Lettres sur la danse*, 1804, in-4, p. 105.
2. Mᵐᵉ VIGÉE-LEBRUN. *Mémoires*, 1835, in-8, tome I, p. 133.

On a travesti cette réponse du Diou de la danse en l'allongeant un peu :

S'il ne s'élève pas plus haut, aurait dit Vestris, c'est pour ne pas trop humilier ses camarades ; car s'il se laissait aller à son élan, il s'ennuierait en l'air faute de conversation [1].

Fier de ce fils qui couronnait sa carrière de danseur, Vestris convenait modestement : « Auguste est plus habile que moi, c'est tout simple ; Gaétan est son père ; avantage que la nature m'a refusé [2]. » S'il y eut quelques critiques à l'éclosion de cet artiste incomparable, elles furent légères et c'est après un élogieux préambule que l'auteur de la correspondance de Grimm fait quelques réserves suivies de l'opinion de Gaétan :

Quelque brillant, quelqu'admirable, quelque sublime que soit déjà le talent de ce digne fils du *diou* de la danse, on ne sera point surpris qu'à son âge il n'ait pas encore acquis dans ce genre toute la sensibilité, tout le moelleux des mouvements que Le Picq y déployait avec tant de grâce et de légèreté. Son illustre père n'en conviendrait-il pas lui-même ?

---

1. Dugast de Bois-Saint-Just. *Paris, Versailles et les provinces*, 1811, in-8, tome I, p. 131.

2. Blaze de Bury. *L'Académie de musique*, tome I, p. 224.

Il n'y a pas si longtemps que nous lui avons entendu dire avec cet accent qui sied si bien à la dignité de son amour-propre :

« — Jusque-là (en portant la main à sa poitrine) plus rien à désirer pour mon fils. Mais, quant au haut du corps il lui faut encore des années de travail. J'en ai passé, moi, une toute entière à me raccourcir les bras ; je lui en donne dix pour danser le menuet ; et ce n'est pas de trop. Ah ! monsieur, si je pouvais exécuter aujourd'hui avec mes pieds ce que j'ai dans ma tête, vous verriez !... Mais l'âge ne permet plus d'exécuter ce que le génie a conçu... »

Ce n'est que depuis deux ou trois ans, depuis les grands succès que ce fils a obtenus, grâce à ses leçons, qu'il a consenti à le reconnaître : « S'il continue ainsi, disait-il alors, je lui réserve quelque chose d'assez beau pour ses étrennes : je lui permettrai de porter mon nom [1]... »

A peine Auguste eut-il obtenu la place et les appointements de premier sujet que son père sollicite pour eux deux, le 20 juillet 1780, un congé de six mois, de novembre à avril, demande favorablement accueillie puisque Louis XVI consent à leur laisser leurs appointements pendant leur absence à la réserve des bénéfices [2].

Un avantageux engagement attendait les Vestris en Angleterre pendant ce semestre. Tour-

1. *Correspondance de Grimm*, édit. Tourneux, 1880, in-8, tome XII, p. 410.

2 ARCHIVES NATIONALES, 0¹615.

née fructueuse et triomphale. Le nom vanté des
Vestris attirait la foule insulaire et l'on suspen-
dit même une des séances du Parlement pour
ces illustres coryphées. L'écho des acclamations
qui accueillaient les danseurs arrivait jusqu'à
Paris quand, un jour, une rumeur circula : Vestris, le grand Vestris et son fils, avaient, paraît-
il, été hués, et sans respect pour le *Diou* on
leur aurait jeté à la tête des pommes et des
pelures d'oranges [1]. C'était vrai.

Le 22 février, il devait y avoir sur le grand
théâtre de Londres une représentation de bénéfice au profit du jeune Vestr'Allard. Le fameux
orateur Burke, le Démosthènes londonien, avait
justement proposé pour ce jour-là au Parlement la lecture de son fameux bill économi-
que. A cette annonce, lord Nugent, fou de la
musique et surtout de l'opéra, insista pour
qu'on remît la séance objectant, afin de ne pas
donner un motif aussi futile, que c'était un
jour de jeûne pour le royaume. M. Burke ne
fut pas dupe de l'excuse et en dévoila l'objet.
Malgré cela, la remise que réclamait lord Nugent passa à la majorité de trente-trois voix.

Tout annonçait donc une représentation
exceptionnelle pour le jeune Auguste. Elle l'aurait été effectivement si le jour indiqué pour ce

1. *Mémoires secrets*, tome XVII (28 février 1781).

gala on n'eût modifié le taux des places et porté
le tarif des secondes au même prix que les premières. Les Anglais n'aiment pas qu'on change
un état de choses consacré par l'usage. Ils
tapagèrent si bruyamment, que Vestr'Allard,
croyant apaiser ce vacarme, voulut venir haran-
guer le public avec un interprète. Quand il
parut sur la scène flanqué de son porte-parole,
un bacchanal assourdissant lui couvrit la voix.
Sifflé, hué, il servit de cible à la foule menaçante qui lui lançait des pommes et des oranges pour appuyer sa protestation. Deux fois
Vestris revint à l'assaut, deux fois on l'assaillit
de même ; à la troisième, un membre du Parlement l'amena en personne sur la scène et par
sa présence d'esprit calma les mécontents.

Le jeune homme en fut quitte pour des révérences,
des excuses et pour rester prosterné devant le parterre durant la valeur d'environ cinq minutes. Enfin
on lui cria *bravo* et les deux Vestris remportèrent le
triomphe de l'assemblée. Cette représentation de
bénéfice a dû rapporter à Vestr'Allard environ 12.000
guinées [1].

Un tel profit était de nature à le dédommager de l'humiliation de cette aventure. Mais le

1. Extrait de la *Gazette secrète de Londres*, du 10 mars 1781.
Cf. *Le Vol plus haut*, 1784, in-8.

chatouilleux orgueil de Vestris eut à subir à
son retour à Paris le reflet de sa mésaventure.
Les railleries des camarades, leurs brocards et
leurs lardons, offrirent à ses enthousiastes « le
triste spectacle de sa honte ». Dans la quantité
des plaisanteries que ce scandale occasionna
voici celle qui fit le plus fortune :

« Le jour de l'anniversaire de la naissance de
la reine, ils avaient paru, c'est-à-dire le père
et le fils, au bal de la Cour. Le lendemain les
papiers publics furent remplis de l'observation
suivante :

« Les sieurs Vestris devant se renfermer dans
les bornes de leur état, ne paraîtront plus désormais aux fêtes royales que dans le bal de
Ninette à la Cour.

«On observera que c'est le même qui fut exécuté le jour qu'il reçut le sensible affront dont
j'ai parlé et qu'il fut en même temps comblé
de la gloire la plus satisfaisante [1]. »

Le mérite chorégraphique de Vestris fils ne
souffrit cependant pas de cette vexation toute
passagère ; même en Angleterre, où il retourna
fréquemment, il recueillit les lauriers de sa danse
remarquable ; et à Paris une véritable inquiétude s'empara des habitués de l'Opéra, quand
un accident faillit les priver de la danse si par-

---

1. *Le Vol plus haut*, 1784, in-8.

faite d'Auguste ; le *Journal de Paris* relate le fâcheux événement :

« Il est arrivé, vendredi dernier, 9 janvier 1789, un accident qui pouvoit priver le public d'un talent qui lui est bien cher. Dans le dernier ballet de *Démophon* [1], une trappe de théâtre s'est enfoncée sous M. Vestris qui dansoit. Il a totalement disparu aux yeux des spectateurs. Leur effroi n'a cessé que lorsqu'il a reparu porté par ses camarades. Sa chute a été de sept pieds et demi. Il a été retenu par un plancher qui est à cette distance du théâtre. Il ne s'est pas blessé et n'a qu'une contusion au côté. La commotion qu'il a reçue a exigé une saignée et on espère qu'il reparoîtra bientôt. » La chute dangereuse n'eut pas de conséquences. Il reparut aussi souple, aussi leste qu'auparavant.

A trente ans il est en posession de toute sa science. Un Russe de passage à Paris en est émerveillé. Il écrit le 29 avril 1790 :

Malgré le grand nombre des danseurs de talent qui sont ici, Vestris brille parmi eux comme Sirius parmi les étoiles. Ses moindres mouvements sont si agréables, si vivants, si expressifs, qu'en le regardant je m'étonne toujours, sans pouvoir m'expliquer à moi-même le plaisir que me cause ce danseur unique. Légèreté, équilibre, harmonie, sentiment, vie, tout se

1. *Démophon,* opéra de Marmontel, musique de Cherubini.

réunit à la fois en lui et s'il est possible d'être orateur sans dire un mot, Vestris dans son genre est
un Cicéron. Aucun poète ne décrirait ce qui brille
dans ses yeux, ce qu'exprime le jeu de ses muscles
lorsqu'une gracieuse et pudique bergère lui dit par
un tendre regard : « J'aime ! » et que se jetant sur son
cœur il prend le ciel et la terre à témoin de sa félicité. Le peintre dépose alors son pinceau et se borne
à dire : « Il n'y a que Vestris ![1] »

Partout c'est le même emballement. En province comme à Paris on l'encense on l'acclame.
Écoutez plutôt ce que dit *Le Courier* (sic) *de
Lyon*, gazette quotidienne rédigée par M. Cha-
pagneux avocat, dans son numéro du 6 mars
1790 :

M. Vestris, premier danseur de l'Académie royale
de musique, confirme sur notre théâtre la réputation
extraordinaire que lui ont méritée ses talents. Légèreté, grâce, expression, ensemble, aplomb tout est
porté dans ce favori de Terpsychore au dernier point
de perfection.

Les attitudes, les situations qu'un peintre habile
pourraient imaginer, M. Vestris les rend sur le théâtre avec autant de vérité que de hardiesse. Ses gestes, ses pas, ses yeux, son visage sont toujours en
correspondance, et, par un accord magique enlèvent
le spectateur. Le public espère que M. Vestris cédera
à l'empressement que sa supériorité commande en

---

1. KARAMZINE. *Voyage en France*, 1835, in-8.

donnant sur ce théâtre le plus de représentations qu'il lui sera possible.

Le séjour de Vestris à Lyon est consigné d'une façon amusante par le Russe Karamzine. D'après sa lettre on aura l'idée de l'empire que possédait Auguste sur les populations et de ce qu'était un théâtre de province à cette époque.

Lyon, 9 mars 1790.

A cinq heures, nous nous rendîmes au théâtre, et nous prîmes un billet pour le parterre. Les loges, le parquet, le paradis, tout encombré de monde. Vestris, le premier danseur de Paris, avait promis de divertir pour la dernière fois le public lyonnais par la souplesse de ses jambes.

Tout était bruyant autour et au-dessous de nous, comme une ruche d'abeilles. Cette liberté extraordinaire m'étonna. Que dans une loge ou au parquet une dame quelconque vînt à se lever de sa place, plusieurs voix du parterre se mettaient à crier : « Assis ! Assis ! A bas ! A bas ! » Autour de nous il n'y avait pas beaucoup de gens comme il faut.

Cette raison engage Karamzine à changer de place et il va s'installer dans une petite loge sur la scène même.

Le rideau se leva. On jouait la comédie des *Plaideurs*. Je n'entendais que la moitié des mots, mais je fis moins attention à la pièce qu'aux personnes qui, sans interruption, venaient dans ma loge et puis s'en allaient. A peine eut-on baissé le rideau que, de tous côtés, se répandirent sur la scène des acteurs et des actrices en négligé, des danseurs et des danseuses, etc., etc.

Les uns se prenaient par le corps, et se mettaient à danser, les autres riaient, quelques-uns criaient ; c'était un spectacle nouveau ! Vestris, en costume de berger, bondissait comme une chèvre folâtre. La musique joua de nouveau, tous les héros du théâtre se dispersèrent, le rideau se leva et le ballet commença. Vestris parut. Un tonnerre d'applaudissements retentit dans tous les coins de la salle. Pour dire la vérité le talent de ce danseur est merveilleux. Il a l'âme dans les jambes en dépit de toutes les théories des observateurs de la nature humaine qui cherchent cette âme dans les fibres du cerveau. Quelle figure ! quelle souplesse ! quel équilibre ! Je n'avais jamais pensé qu'un danseur fût capable de me procurer tant de plaisir. De cette façon chaque art porté à la perfection est agréable à notre âme ! Les applaudissements des français transportés couvraient la musique. Dans l'attitude d'un amant passionné, dont le cœur en de langoureux soupirs, se confond avec le cœur de celle qu'il aime, Vestris disparut aux yeux des spectateurs, embrassa sa bergère et se jeta pour respirer sur un petit banc. On joua encore une comédie en un acte très vide. Puis commença un nouveau ballet. Vestris parut derechef, et derechef les acclamations saluèrent chaque mouvement de ses jambes....

Le ballet se termina et le rideau s'abaissa. Le parquet, les loges, le parterre, tous les assistants d'une voix unanime se mirent à crier : *Reste ici, Vestris, reste ici !* Les cris se prolongèrent durant quelques minutes. Le rideau se releva encore, Vestris s'avança. Quel aspect modeste ! Quelle douceur dans tous ses dehors ! Quels saluts ! Il tenait son chapeau contre son cœur. On était obligé de se boucher les oreilles, pour échapper au vacarme des applaudissements. Vestris s'arrêta. Soudain tout se tut. On aurait pu entendre travailler une sauterelle.

Vestris. — C'est seulement pour un mois qu'on m'a permis de m'éloigner de Paris. Le mois est fini, et à présent je devrais partir, mais....

Ici sa voix se brisa; il leva les yeux en l'air en tâchant de rassembler ses forces. Tonnerre effroyable d'applaudissements ! Mais subitement tout se tut de nouveau.

Vestris. — Afin de vous témoigner ma gratitude pour la bienveillance dont vous m'avez honoré, je danserai encore demain.

Un *bravo* éclatant s'unit à l'applaudissement universel, et le rideau se ferma. L'enthousiame était si grand qu'en cet instant les français, avec leur légèreté, auraient été capables de proclamer Vestris leur dictateur.

Le lendemain Karamzine n'eut garde de manquer la comédie :

Pendant le ballet nous admirâmes de nouveau le talent de Vestris. A peine le rideau eut il commencé à baisser que tout le monde se mit à crier: « Vestris !

Vestris ! » Le rideau se leva de nouveau. Le danseur, épuisé, s'avança au milieu des applaudissements, avec les mêmes grimaces d'humilité que le jour précédent. On eût dit qu'il attendait un juge, bien que la décision irrévocable du public éclatât dans tous les coins de la salle. Le bruit s'apaisa une seconde. Vestris se tenait comme cloué à sa place et ne disait mot. Un murmure d'impatience se répandit. Le public attendait un discours, oubliant qu'un danseur n'est pas un rhéteur, oubli pardonnable à des français ! En ce moment Vestris pouvait être sifflé. Tout se tut de nouveau, le danseur rassembla ses forces et dit : « Messieurs ! je suis pénétré de vos bontés,— mon devoir m'appelle à Paris. »

Cela suffit au public. On applaudit et on cria: bravo ! Vestris doit être content de Lyon sous tous les rapports. Son talent y a été récompensé par des éloges et de l'argent. Je l'ai rencontré plusieurs fois dans les rues. « Vestris ! Vestris ! » criaient les passants, et chacun le montrait du doigt. Ainsi la souplesse des jambes est une vertu honorable ! Quant à ce qui concerne la récompense en argent, pour chaque représentation il a reçu cinq cent vingt livres. En ce moment, tous les comédiens de la ville soupent chez lui (il demeure à l'hôtel de Milan[1]) et ils font un bruit tel que je n'espère pas m'endormir[2].

Que peut-on dire de mieux à la louange du talent de Vestr'Allard ?

1. Cet hôtel existe toujours sur la place des Terreaux. En regardant à l'une des fenêtres, on a l'Hôtel de ville à sa gauche.
2. KARAMZINE. *Voyage en France*, 1885, in-8.

CHAPITRE XIV

RETRAITE DE GAÉTAN

Pension accordée à Vestris. — Craintes qu'occasionne
sa mise à la retraite. — Gaétan s'éprend de Mlle Heinel. — Bruits singuliers à ce sujet. — Ils se mettent
en ménage. — Ils ont un enfant. — Mariage de Gaétan. — Vestris se retire de l'Opéra. — La vie en
famille. — Semonce de Gaétan à son fils.

En 1780 Gaétan comptait trente années de
présence à l'Académie royale de musique et
l'unique élève qu'il avait formé était son fils ;
pourtant en sa qualité de directeur des Écoles
de danse, il jouissait d'un traitement de deux
mille quatre cents livres. On remarque en haut
lieu « qu'il n'a présenté aucun sujet en état de
dédommager la dépense considérable que le Roi
a faite pour cet objet [1] ». Toutefois il ne fallait
pas songer à lui supprimer cette sinécure, et

1. ARCHIVES NATIONALES, O'615 (Lettre de M. Amelot à M. de
La Ferté, 13 juillet 1780).

quoique M. Amelot fasse l'observation précédente à M. de La Ferté, il adresse en même temps à l'Intendant des Menus cette lettre qui donne satisfaction à l'inlassable quémandeur :

A Paris, 13 *juillet* 1780.

Sur la demande que le sieur Vestris père m'a faite, Monsieur, d'obtenir pour lui une pension de trois mille livres et d'après le compte que j'ai rendu au roi des trente années de service du dit Vestris, dont vingt-huit comme premier danseur, Sa Majesté a bien voulu consentir à ajouter aux anciennes grâces déjà accordées au dit sieur Vestris la pension de trois mille livres dont deux mille sont employées sur l'état des pensions de l'Académie royale de musique qui sont à la charge de la ville et que j'ai arrêté. A l'égard des mille en sus, elles sero   employées sur l'état des pensions de l'Opéra, lors de la retraite du sieur Vestris sans qu'il puisse rien prétendre au delà et sans que cette grâce uniquement accordée en faveur de ses anciens services puisse jamais tirer à conséquence et Sa Majesté compte que cette récompense sera un motif de plus pour engager le sieur Vestris à faire de nouveaux efforts et à donner des exemples de zèle tant pour le bien de son service que pour celui du service de Paris [1].

Néanmoins les charges sont lourdes et malgré la verdeur du Diou de la danse on songe à

---

1. ARCHIVES NATIONALES, O¹615.

sa retraite, mais on n'ose la lui proposer ouvertement.

Un an après cette nouvelle allocation, deux raisons primordiales font encore hésiter le ministre qui dit :

Il me paraît bien délicat de renvoyer le sieur Vestris père.

1. Parce qu'on ne peut disconvenir que ce ne soit le plus beau danseur qui soit actuellement sur le théâtre et le modèle de ceux qui peuvent prétendre au même genre que lui, et qu'étant encore en état de continuer le service de l'Opéra, le public ne pourrait que désapprouver que par un simple motif d'épargne on le privât d'un danseur utile et agréable.

2. Il serait à craindre qu'un moment d'humeur ne l'engageât à déterminer son fils à quitter, et c'est alors que nous mettrions le public absolument contre nous[1].

Ce commentaire prouve combien Vestris avait encore d'autorité malgré ses cinquante-deux ans.

Si l'artiste restait toujours admirable, l'homme non plus n'avait pas abandonné toute galanterie.

Ses assiduités de quinquagénaire voulurent réchauffer le tempérament de marbre de Mlle Heinel. L'ancienne inimitié qui les avait divisés jadis s'était d'abord changée en alliance pendant la

---

1. ARCHIVES NATIONALES, O⁴615.

révolte des danseurs contre le directeur de Vismes.

Peu à peu Vestris se sentit attiré vers la beauté majestueuse de l'Allemande. Avec la fougue d'un jeune homme, il entreprit l'aventure. La danseuse n'était pas farouche sur le chapitre de l'amour. Bien que ses sens la laissassent calme, l'intérêt commandait et elle obéissait passivement aux exigences du métier. Elle avait nombre de soupirants prêts à surenchérir et autant de jeunes petits maîtres à ses trousses qui la courtisaient, faisant saillir leurs qualités de beaux et vigoureux cavaliers. Mais Vestris avait cette sottise audacieuse, cette bonne opinion de soi-même qui en impose et qui plaît aux femmes. Leur âme frivole ne voit que ce qui brille, elle est fascinée par le chatoiement de l'extérieur, le lustre de la surface ; elle ne devine pas le diamant dans sa gangue. Le danseur, gratifié plus que tout autre de ces dons superficiels, pénétra dans l'intimité de Mlle Heinel. Réveilla-t-il les sens endormis de la frigide ballerine, ou bien fut-il vraiment épris de son académie superbe ? Les bruits les plus divers, les plus étranges circulèrent, qui, en confirmant la réconciliation des deux anciens rivaux, laissent le public incertain sur la nature de leurs rapports.

On dit :

Nous sommes dans le temps des conversions : voici la grande, la belle, la majestueuse Mlle Heinel qui, à l'exemple de Mlle Luzzi, s'est jetée dans un couvent. Les gens pieux y voient la main de Dieu ; les roués de nos foyers donnent pour motif à ce parti violent, la persécution que le *Diou de la danse* a suscitée à cette nymphe. Le grand Vestris s'est trouvé vivement offensé de ce que pendant ses huit mois d'absence cette chaste *concubine* se soit accommodée du jeune et joli Gardel, qu'elle ait permis qu'il le doublât et qu'il fît des répétitions avec son amie, comme si l'on pouvoit ignorer qu'à l'Opéra on ne fait autre chose que des répétitions et des infidélités [1].

Ce cancan est du 26 septembre 1781 ; quinze jours après, autre chanson. Le même nouvelliste écrit le 11 octobre :

A propos d'Opéra, j'ai calomnié fort mal à propos, la grande, la belle, la majestueuse Mlle Heinel, en vous mandant qu'elle s'étoit faite religieuse : quand je dis *calomnié* c'est que je conviens qu'il n'y avait absolument à donner à cette mort subite au monde que les mauvaises raisons qu'y trouvaient nos *roués des foyers*. Réparation : elle n'aura passé sous les saints portiques que le temps qu'elle aura cru suffisant pour un peu se *déconcubiner*, voilà le terme reçu. Il ne lui falloit rien moins que ce coup de brosse

1. *Correspondance secrète de Métra*, 1787, in-12, tome XII, p. 70.

pour entrer sans aucune tache dans la couche nuptiale de M. Clos, ancien notaire, qui a trouvé indispensable que le griffonnage d'un de ses confrères le constituât cocu en papier timbré, lui que la belle Duparc avoit fait tel, autant qui lui étoit possible sans formes légales. Il quitte cette Duparc pour épouser la nouvelle fiancée du roi de Garbe et il lui reconnaît soixante mille livres de bonnes rentes.

Si vous **avez**, monsieur, quelque droit de conseil sur nos arbitres de l'opinion, faites cesser leurs éternelles jérémiades contre les mœurs actuelles, que les lettres n'injurient plus, ni en vers, ni en prose, l'admirable, la respectable espèce humaine. Vous voyez, vous pouvez vous armer de faits pour leur prouver que la pudeur, la timide vertu, l'austère continence sont récompensés, et c'est du plus haut point que nous portons la sociabilité [1].

Ce galimatias est loin d'éclaircir la question, on s'occupe de Mlle Heinel, mais on se renseigne mal, on patauge, quand un an après une autre version circule, aussi romanesque que les précédentes :

Vestris, le *Diou de la danse*, conte-t-on, a fait véritablement ce que nos *roués* appellent une fin : c'est-à-dire de se marier. Mlle Heinel lui tenoit au cœur depuis longtemps. Était-ce pour l'avoir souffletée en plein théâtre il y a quelques années ? étoit-ce, parce qu'il s'en étoit vu dédaigné ? quoi qu'il en soit, Vestris n'avoit pu la voir passer sans concupiscence dans les

---

1. *Correspondance secrète*, XII, p. 94.

brasd'un rival. Ce rival étoit *Fierville*, un autre danseur françois fixé depuis longtemps à Londres, où
son talent, mais particulièrement son caractère romanesque, lui ont acquis la considération et la fortune.
Mlle Heinel y étant allée, fixa tellement l'admiration
des Anglois que plusieurs milords portèrent l'enthousiasme jusqu'à lui proposer deux ou trois mille
guinées pour coucher avec elle, ce qu'elle rejeta dédai-
gneusement. Au lieu de guinées Fierville offrit son
cœur à cette moderne Laïs: et son offre fut acceptée.
Mais ce ne fut point de leur part une simple amou-
rette, et le *conjungo* fut prononcé à la face des autels.

Quelques années s'écoulent : la satiété survient,
Vestris arrive et fait enfin oublier son offense par
l'hommage de son amour. Mme Fierville (Mlle Heinel)
fait des arrangemens en Angleterre et vient rejoindre son nouvel amant à Paris où elle lui a donné sa
foi conjugale, à la face de nos autels, en attendant
sans doute, qu'un autre séducteur l'attache de ses
bras. Qu'une femme soit infidelle et perfide, ce n'est
rien, vous diront nos gens du monde, mais qu'elle
soit *marâtre* qu'oseront-ils répondre ? C'est pourtant
le cas de Mlle Heinel par son divorce avec Fierville.
Elle a abandonné un enfant, fruit de ce mariage, qui,
par la fatalité de ces circonstances, se trouve sans
existence positive dans la société. Il est heureux pour
lui et ses pareils qu'une philosophie sage et bienfai-
sante les légitime comme hommes aux yeux de cette
nation libre et éclairée. O France ! quand daigneras-
tu suivre un si bel exemple [1] ?

1. IMBERT DE BOUDREAU. *Chronique scandaleuse*, 1783, tome I,
p. 49.

Ce dernier écho laisse entendre, enjolivé d'incidents précurseurs, le rapprochement de Vestris et Heinel, il signale formellement leur vie en commun puisqu'il les dit mariés, et là il se trompe, aucune bénédiction nuptiale n'avait été donnée aux danseurs et le terme exact est donné dans les notes précédentes lorsque l'auteur de la *Correspondance secrète* parle de concubinage : Vestris s'était mis en ménage et de là vient qu'on les a cru mariés à cette époque ; ils s'uniront en effet, mais seulement le 16 juin 1792, pour reconnaître un fils, Adolphe-Apoline-Marie-Angiolo, né de leur vie en commun le 9 mai 1791 ; la situation, par ce fait, se trouvait, tardivement il est vrai, régularisée [1].

1. Acte de mariage de Gaétan : « L'an mil sept cent quatre-vingt-douze, quatrième de la Liberté, le seize juin, après toutes les formalités requises, a été célébré le mariage de Gaétano-Appollinio-Balthasar Vestri fils majeur de Tomoso-Maria di Hippolito et de Violante-Béatrice Buscagli ; avec Anne-Frédérique Heinel, fille majeur de Frédéric et de Juliane-Dorothée Steryel, tous deux demeurant rue Neuve-Sainte-Croix de cette paroisse en présence et du consentement des témoins qui ont signé sur l'acte.

Et à l'instant, les parties contractantes nous ont déclaré être issu d'elles, avant leur présent mariage, un enfant mâle né le neuf mai mil sept cent-quatre-vingt-onze, et baptisé le surlendemain en la paroisse de Clichy-la-Garenne ; nommé Adolphe-Appoline-Marie-Angiolo, fils de Gaétan-Appoline-Balthasar Vestri pensionnaire du Roi et de Anne-Frédérique Heinel son épouse, lequel enfant ils reconnaissent et légitiment par les présentes pour le rendre habile à succéder à tous leurs

Après leur entente de vivre en communauté, les deux amants décidèrent d'abandonner leur service de l'Opéra. Ils se retirèrent tous deux le 12 mai 1782, Gaétan avec sa retraite du 28 mars 1780 de trois mille livres, motivée pour des services exceptionnels, qui jointe à sa pension de maître des ballets formait un total de quatre mille cinq cents livres et une autre pension de quatre mille sept cents livres que le Roi lui accorda en qualité de premier danseur des ballets de la Cour, dont voici le texte :

Brevet d'une pension de 4700 livres, produisant net 4650 livres en faveur du sieur Gaëtan Vestris, né à Florence, le 18 avril 1729 et baptisé le même jour dans l'église collégiale de Saint-Jean-Baptiste de ladite ville, premier danseur des ballets du Roi. Cette pension composée des objets ci-après, savoir: Une somme de 2.650 livres, produit net de deux objets portés dans un précédent brevet ; une pension de 2000 livres qui lui a été accordée sur le trésor royal, sans retenue, à charge de retraite par décision de ce jour 12 mai 1782, à la charge néanmoins par le dit sieur Vestris de continuer le service lorsque les circonstances l'exigeront et qu'il en sera requis et

biens présens et à venir ainsi que ceux qui pourraient naître de leur présent mariage. » (ARCHIVES DE LA SEINE. *Reconstitution des Actes de l'état civil de Paris.* Expédition délivrée sur papier libre en exécution de la loi du 12 février 1872 par Martin Deslandes, notaire.)

jusqu'à ce qu'il en ait été totalement dispensé [1].

De son côté Mlle Heinel quittait l'Académie royale de musique avec une retraite de deux mille livres et une pension de quatre mille cent livres ainsi libellée :

Brevet d'une pension de 4100 livres en faveur de la demoiselle Anne Heinel, née le 4 octobre 1753, et baptisée, le 6 du même mois, paroisse de Baireuth, en Allemagne, margraviat d'Anspach, première danseuse des ballets du Roi. Cette pension composée des objets ci-après, savoir : Une pension de 2100 livres, sans retenue, qui lui a été accordée par décision du 6 décembre 1772, et 8 mars 1777 en considération de ses services ; une pension de 2000 livres, sans retenue, qui lui a été accordée par le trésor royal à titre de retraite par décision de ce jour (12 mai 1782) [2].

Ces brevets, ces pensions, ces retraites constituaient au ménage de danseurs une rente respectable de quinze mille trois cents livres.

On vit encore Vestris et quelquefois Mlle Heinel paraître sur la scène de l'Opéra et leurs rares apparitions charmaient toujours les spectateurs.

Mlle Allard, qui prit également sa retraite à Pâques 1782, ne paraît pas s'être offensée de la pré-

---

1. Archives nationales, O¹688.
2. Archives nationales, *idem.*

férence de Gaétan. Quant à leur fils, Auguste, il continua d'affectueuses relations avec l'un et l'autre des auteurs de ses jours. Le bon accord de la tribu ne fut aucunement troublé par la nouvelle venue, il fait toujours l'admiration générale et l'on constate toujours, le 5 mars 1783, que :

La famille Vestris, quoique remarquable par beaucoup de ridicules, qu'on a sans doute exagérés dans le public, vit dans une grande union et ne se permet point de ces vilenies trop communes parmi les gens de théâtre. Ils sont surtout très rangés.

Il est vrai qu'à ce moment Thérèse et Violante ont la cinquantaine, ainsi que leur grand homme de frère, et Mlle Heinel, en dépit de ses trente ans, n'a pas la nature passionnée de ses futures belles-sœurs ; elle vit tranquille et désormais restera ignorée. Jean-Baptiste Vestris, « le cuisinier », toujours chargé du détail de l'intérieur, s'en acquitte à merveille : c'est là son seul talent [1].

Dans cette vie de calme et de repos après une existence agitée, Auguste apporte le rayonnement de sa jeunesse, ses frasques sont supportées avec complaisance tant qu'elles ne dépassent pas la limite des frais avouables. Mais

1. *Mémoires secrets*, tome XXII (5 mars 1783).

si les bornes sont franchies le grand Vestris se fâche. Auguste en eut la preuve. Un jour, son père est informé de ses dépenses excessives. Encore sous le coup de la faillite du prince Guéménée, qui faisait l'objet de toutes les conversations, il convoqua une assemblée de parents devant laquelle il adressa au jeune homme le discours suivant, avec cet accent et cette dignité qui lui sont propres :

— Auguste, on parle dans le monde du mauvais état de vos finances ; on dit que vous avez un emprunt ouvert chez tous les marchands de modes, que vous abusez de la confiance qu'inspire le nom que je vous ai permis de porter. Si vous ne mettez pas ordre à vos affaires, je ne souffrirai pas que vous le portiez plus longtemps. Nous nous sommes toujours soutenus avec honneur. Entendez-vous, Auguste ? je ne veux point de Guéménée dans ma famille [1].

La péroraison de cette mercuriale circula bientôt dans les coulisses et se répéta jusqu'à devenir proverbiale. L'illustre Vestris ne se laissait pas oublier.

1. *Correspóndance de Grimm, Diderot, etc.*, édition Tourneux, tome XIII, p. 271.

CHAPITRE XV

LES RÉCRIMINATIONS D'AUGUSTE

Différends de Vestris avec l'administration. — Ses exigences. — Son obstination. — Bavardage de Gaétan. — Jalousie de Mlle Guimard. — Auguste résiste à une prière de la reine. — Juste colère de Gaétan. — Vestr'Allard à la Force. — Cabale. — Joli dédain de Vestris père. — Auguste et Mlle Guimard.

Non moins chercheur de noises que son grand homme de père, Auguste Vestris s'acharna sa vie durant contre ses directeurs, les harcelant de ses récriminations, de ses revendications, soit pour faire augmenter ses appointements, soit pour obtenir des congés. Aux refus, il revenait sur ce qu'il exigeait avec une obstination rare. Sans souci de lasser les gentilshommes de la chambre, on le voit insister, menacer, et même négliger toute hiérarchie en s'adressant directement à la reine.

M. de La Ferté, dans les annotations qu'il fait sur les cahiers de l'état du personnel de l'Opéra, décoche à Vestris fils ce compliment : « On connaît ses talens, il est à désirer qu'il dure longtems. Il sait trop combien il est agréable au public. Il a forcé la main pour obtenir un traitement particulier en gratification annuelle de quatre mille huit cents livres et a en outre trois congés en six ans pour aller dans les pays étrangers danser chaque fois pendant plus de six mois. Il jouit actuellement de son second congé. En général, il est comme tous les Vestris, fort difficile à manier et a besoin que de tems en tems on le tienne ferme [1]. »

Une autre observation, sur l'état des membres du comité de l'Opéra, n'est pas moins sévère :

« Excellent danseur dans son genre, dit-on, mais bête, insolent, impudent, ne se prêtant jamais au bien de la chose lorsque les circonstances l'exigent, quelles que raisons qu'on lui donne pour l'y engager, et cela parce que son père lui dit que moins il dansera et plus le public l'applaudira [2]. »

Ces réflexions sont fondées. Auguste est bien le plus capricieux de tous les artistes. Fort de l'autorité acquise par son père, assuré de la valeur de son talent, son arrogance ne connaît pas de limites.

1. ARCHIVES NATIONALES, 0¹616. État du personnel (30 novembre 1783).

2. ARCHIVES NATIONALES, 0¹619. État du comité (14 août 1788.)

Veut-on diminuer ses feux en 1780 ? il menace de quitter le théâtre. L'année suivante il pose le même ultimatum en disant qu'il ne restera pas à moins : 1° d'un traitement de dix mille livres, 2° quatre mille huit cents livres de gratification, 3° un congé de huit mois. M. Amelot répond à M. de La Ferté au sujet de ces prétentions le 6 octobre 1781 :

« Il faut laisser venir le jeune Vestris, je suis bien déterminé à ne pas lui faire expédier un brevet de pension de quatre mille huit cents livres de gratification annuelle qui lui ont été promises, je le suis également à ne lui point accorder de congé, mais je le suis principalement à lui faire mettre par écrit les demandes qu'il jugera à propos de former, afin d'en bien constater le ridicule. Quant à son père, si vous croyez que je doive lui parler vous pourrez lui donner rendez-vous chez moi [1] ».

M. Amelot, dans une seconde lettre, constate que Vestris a déjà eu un congé l'année précédente avec son père, et que le séjour qu'ils ont fait en Angleterre leur a rapporté « plus de cent mille francs ». Mais comme Auguste a la tête très vive, le ministre confie à l'intendant des Menus qu'il a l'intention de demander au Roi de faire épier le danseur afin qu'il ne se sauve pas à Lon-

---

1. ARCHIVES NATIONALES, 0¹615.

dres après avoir donné sa démission qui ne le laisserait libérable qu'un an après son acceptation. Et M. Amelot craint tant une vivacité de Vestris qu'il ajoute de rendre Gaétan responsable et de lui supprimer ses pensions en cas d'insubordination de la part de son fils [1].

Le 25 mars 1782 Auguste Vestris requiert les notaires Rameau et Nouen de recevoir sa déclaration qui est de quitter l'Académie royale de musique et de se démettre de sa place de premier danseur à compter de la clôture du théâtre avant le dimanche de la Passion de l'année suivante (1783) [2]. Huit jours après, les Vestris sont appelés chez le ministre qui leur dit en présence de plusieurs de leurs camarades : que le Roi notifiait qu'il ne voulait rien changer à l'égard de Vestris fils, que celui-ci pouvait donner son congé, mais que Sa Majesté était libre de retenir ses sujets ; qu'en conséquence Elle lui défendait de sortir du royaume et avait interdit aux ministres de lui délivrer un passeport ; de plus, que son signalement était envoyé sur les frontières et que son père était dorénavant responsable de sa conduite [3].

Devant la résolution énergique prise à son égard, le jeune Vestris parut s'incliner, mais il

---

1. ARCHIVES NATIONALES, 0¹615.
2. ARCHIVES NATIONALES, 0¹622.
3. ARCHIVES NATIONALES, 0¹615, 617.

ne se déclara pas battu. Il mit tant d'obstination impertinente qu'il eut gain de cause. En août on lui accorde un congé d'octobre à fin juin et sa gratification en lui faisant promettre de garder le plus grand secret sur cette grâce [1].

Recommander le silence à Vestris n'était-ce pas exciter son bavardage? surtout celui du père qui alla clabauder partout la victoire diplomatique remportée sur l'administration. Ce qui dépita quelques-uns des camarades du danseur moins favorisés. Mᶜ Guimard, entre autres, aussi acariâtre, aussi despotique que Vestris, fut vivement piquée du passe-droit obtenu par Auguste; elle se récria, fit grand tapage auprès de M. de La Ferté qui écrivit au ministre :

Mᶜ Guimard a la tête tournée, sur ce qu'on est venu lui dire que Vestris le fils avait obtenu un traitement particulier sur l'Opéra; il est vrai que le sieur Vestris le père, plein de vanité, s'est plu, à ce qu'on m'a dit, à aller répandre partout que son fils était très content et qu'on avoit fait ce qu'il avoit demandé, mais qu'il lui étoit défendu de dire ce que c'étoit ; il n'en falloit pas davantage pour faire tourner la tête à Guimard; je vais lui écrire qu'il n'en est rien et que Vestris n'a certainement rien obtenu de nouveau depuis ce qui lui a été accordé, il y a près de deux

1. ARCHIVES NATIONALES, 0¹615, 617.

ans, à l'exception de son congé, qu'elle a elle-même sollicité. [1]

Ayant obtenu tout ce qu'il désirait, Auguste ne fut pas longtemps sans se plaindre de nouveau. Sitôt de retour du congé accordé, il se ligue avec ses camarades de l'Opéra qui demandent une augmentation de traitement : « Il est fâcheux, constate avec amertume M. de La Ferté, que les Vestris, dans aucun tems n'ayent été contents de tout ce que l'on a fait pour eux. Cependant le sieur Vestris devrait être informé que depuis son absence, le public n'a pas paru le désirer, ni le regretter une seule fois [2]. »

Auguste, persuadé de sa grande importance, ne désarme pas, n'en fait toujours qu'à sa tête; il ose même refuser de danser malgré une prière de la reine.

Le 16 juillet 1784, comme le roi de Suède, de passage à Paris sous le nom de comte de Hugo, consacrait une des dernières soirées de son séjour à l'Opéra, la reine voulut régaler l'illustre étranger en lui faisant admirer le talent merveilleux du jeune Vestris que le roi n'avait pas encore pu apprécier, à cause du long congé qu'on avait accordé au célèbre danseur. Marie-Antoinette fit donc dire à Vestris de venir dan-

1. ARCHIVES NATIONALES, O¹614, f. 245.
2. ARCHIVES NATIONALES, O¹617.

ser ; mais lui, dédaigneux de l'attention qu'on lui marquait, invoqua une douleur au pied pour ne pas satisfaire à la demande royale. La reine ne fut pas dupe de ce prétexte, mais conciliante elle lui dépêcha un second message par lequel elle le priait de satisfaire son désir. La prière n'obtint pas plus de succès que l'ordre précédent. Vestris ne dansa pas. Indignée de l'affront que lui faisait subir le sauteur, Marie-Antoinette, habituée à plus de souplesse de la part de ses sujets, se plaignit au roi de la rare insolence de Vestris. Louis XVI, pour châtier tant d'audace, voulut faire enfermer l'impudent à Bicêtre, mais la reine intercéda pour qu'il ne soit pas emprisonné aussi loin. Le For-l'Évêque étant détruit, le baron de Breteuil envoya sur-le-champ l'ordre de faire conduire Vestris à l'hôtel de la Force. Il disait à l'Intendant des Menus :

... Vous voudrez bien voir, sur-le-champ, M. Le Noir et vous concerter avec lui pour faire conduire sans différer le sieur Vestris en prison d'où on le tirera lorsqu'on aura besoin de lui pour danser et où on le ramènera ensuite. Ma lettre, que vous communiquerez à M. Le Noir, suffira à ce magistrat pour ordonner l'emprisonnement de cet histrion [1].

Tout le monde approuva la punition. Au-

1. ARCHIVES NATIONALES, 0¹622.

guste ne trouvait personne pour défendre sa cause qu'on aggravait à plaisir en colportant que le jour même où il avait refusé de danser devant la reine il gambadait dans les foyers pour bien faire remarquer qu'il était très libre de ses jambes [1].

Gaétan lui-même n'eut aucun mot d'excuse, et sévèrement il gourmanda Auguste :

« — Comment, lui dit-il, la reine de France fait son devoir, elle te prie de danser et tu ne fais pas le tien ! Je t'ôterai mon nom [2]. »

Toutefois tandis que fermentait l'indignation du public, la colère paternelle tombait en voyant le pauvre Auguste enfermé avec défense de voir d'autres personnes en dehors de sa famille; le cuisinier, l'oncle Jean-Baptiste, demanda et obtint de partager sa captivité pour soigner son cher neveu ; Gaétan multipliait ses démarches auprès du baron de Breteuil disant qu'il mourrait si on le privait de son fils. Ces tendres parents essayaient en même temps de calmer l'effervescence du public en cherchant à donner le change. Ils assuraient qu'on ne l'avait pas incarcéré pour avoir manqué à la reine, ni à l'assistance; qu'on l'avait seulement puni pour avoir contrevenu aux règlements qui portent

---

1. *Mémoires secrets*, tome XXVI (24 juillet 1784).
2. *Mémoires secrets*, tome XXVI (26 juillet 1784).

qu'un artiste hors d'état de jouer ne doit point se montrer au spectacle, et ils exhibaient des certificats de chirurgiens attestant qu'après avoir visité Auguste au moment de sa détention, s'il eût dansé ce jour-là, il se fût mis dans l'impossibilité de paraître sur la scène pendant plus d'un an [1].

Toutes ces bonnes raisons n'agissaient que faiblement sur l'opinion et on attendait son apparition sur la scène pour lui faire un accueil digne de son outrecuidance. Le parterre assurait qu'il ne le laisserait point danser qu'il n'eût demandé pardon, à genoux, devant la loge de la reine, de sa désobéissance.

Un mois se passa sans qu'on revît Auguste, mais le 17 août on apprend que Vestris doit reparaître à l'Opéra, qu'on a choisi *Atis* parce qu'il ne figure que dans le dernier ballet, afin que le tumulte qu'on prévoit n'empêche pas toute la représentation. De leur côté les Vestris, pour faire face à la cabale qu'ils sentaient sérieuse, rassemblaient leurs partisans, distribuant plus de deux cents billets de parterre qu'ils avaient achetés.

Le soir, Vestr'Allard tiré de l'hôtel de la Force par le sieur Quidor, inspecteur de police, chargé de sa personne chaque fois qu'il devait danser, parut effectivement à la fin de l'opéra d'*Atis*.

---

1. *Mémoires secrets*, tome XXVI (17 août 1784).

Heureusement, car il eût été impossible de continuer tant le tintamarre et le désordre étaient grands ; le public l'accueillit avec des huées et des sifflets, vociférant : « A genoux ! à genoux, Vestris ! à genoux ! des excuses ! » A cette injonction humiliante, Gaétan qui se tenait dans la coulisse sortit et s'écria d'une voix tremblante de colère :

« — A genoux ! des excuses !... Auguste, dansez ' »

Les partisans des Vestris partirent à leur tour, applaudissant à tout rompre avec des *bravo*, des *bravissimo* sans fin, pendant que l'autre partie de la salle continuait son sibilant vacarme. Il y avait tant d'acharnement de part et d'autre que des rixes éclatèrent, violentes, entre les siffleurs et les claqueurs. La garde dut faire plusieurs arrestations pour remettre un peu d'ordre. Cependant, Auguste sans se déconcerter soutint ce bruit à merveille et fit montre que son talent s'était encore perfectionné pendant son séjour en Angleterre. Il dansa mieux que jamais.

Trois jours après, beaucoup de monde se rendit à l'Opéra pour voir ce qui s'y passerait à la représentation de *Chimène*, et comme on avait ajouté *par ordre*, on crut que la reine y assisterait, mais c'était pour le prince Henri, frère du roi de Prusse. La garde était tellement renforcée ce jour-là « que les battoirs » purent applaudir Vestris en toute liberté et sans contradiction.

En septembre, l'affaire était oubliée, Auguste, relâché, apitoie M. de La Ferté qui écrit :

...J'avais cru devoir suspendre les appointements de Vestris fils jusqu'au jour où il a dansé, ce qui l'humilie fort. Mais comme il ne faut pas que la punition soit double, je lui ai promis de vous solliciter en sa faveur [1].

Loin de s'amender, Vestris continue d'être de toutes les coalitions formées par les danseurs insoumis. Avant d'entrer dans sa loge il consultait Mlle Guimard : « Danserai-je, dimanche ? » demandait-il. Il se faisait aussi son porte-paroles auprès du directeur Dauvergne le prévenant, quand elle manquait, que Mlle Guimard ne pourrait pas danser, « qu'elle comptait se purger ».

Tout cela pour aller s'ébattre joyeusement à la campagne, tandis que les spectateurs étaient privés de leur talent.

Dauvergne qui raconte ces faits à M. de La Ferté conclut : « Voilà le résultat de la liaison de Guimard avec toutes ces sortes de canailles [2]. »

1. ARCHIVES NATIONALES, 0¹617.
2. ARCHIVES NATIONALES, 0¹619. *Lettre de Dauvergne à La Ferté* (6 octobre 1788).

Vestris le père rajeunissait aux exploits de son fils. Il l'assistait toujours dans ses réclamations comme il l'encourageait dans ses fugues. Le ministre les voyait souvent arriver tous deux à ses audiences pour exposer leurs griefs. C'est ainsi qu'ayant ouï dire en 1784 qu'on projetait d'écorner leurs pensions, Gaétan fut trouver M. de Breteuil pour le supplier de respecter le fruit de leur labeur. Le ministre observa que le gouvernement traversait une période difficile et qu'il ne pourrait continuer à les laisser jouir d'une faveur qu'on n'avait pu accorder aux militaires.

— Mais, Monseigneur, répondit Vestris, les grands talents méritent des égards.

— La raison d'État est au-dessus des grands talents, répliqua froidement M. de Breteuil.

Vestris, choqué du bon marché qu'on faisait de son art, sortit de l'audience en clamant à tous les échos que tout était perdu en France, puisque le ministre de Paris n'aimait pas la danse [1].

Les Vestris n'entendaient même pas le céder à la raison d'État.

---

1. *Chronique scandaleuse*, 1791, in-12, tome IV, p. 117.

CHAPITRE XVI

AUGUSTE ET LES FEMMES

Le désintéressement de Mlle de Villes de Charmes. — Confession de Vestris. — Les caprices de Mlle Coulon. — Les élèves de Vestris père. — Mlle Roze. — Mlle Helisberg supplante Mlle Laure. — Mlles Pérignon et Helisberg ne veulent danser qu'avec Auguste. — Mlle Aimée. — Mariage d'Auguste. — Armand Vestris, fils d'Auguste. — Les infidélités de Vestris. — Mme Vestris se poignarde. — Mlle Chameroy. — Sa mort. — Éloges de Mme Vestris. — Elle meurt en 1809.

Le jeune Vestris jouissait auprès des femmes d'une brillante réputation et il en était très recherché. Une courtisane renommée, Mlle de Villes de Charmes, renonça pour lui aux deux cent mille livres que le comte de Marcouville, riche vieillard, qui éparpillait sa fortune parmi les nymphes faciles, voulait lui laisser, à condition qu'elle reprendrait, dans son hôtel, l'appartement qu'elle y avait déjà occupé avant de connaître Vestris. Mais la jolie fille, plus amoureuse d'Auguste que jalouse de faire sa fortune,

refusa l'offre généreuse du comte. Mal lui en
prit ; le céladon mourut peu après de l'opération
de la pierre. Il ne resta à Mlle de Villes de Charmes que « beaucoup de repentir, le blâme de
ses amies et le persiflage de messieurs les amateurs [1]. » Sa toquade lui coûtait cher. Auguste ne
méritait ce sacrifice ni par sa constance, ni par
son caractère et il paraît qu'il n'était pas toujours
prudent de se fier à son agréable extérieur, si
l'on veut en croire ce conseil donné aux admiratrices du beau danseur : « Cependant les femmes jalouses de leur santé sont invitées à ne
pas se laisser éblouir par cette agréable apparence qui les obligerait à avoir recours à Escu-
lape, que la force de son tempérament lui a
fait braver jusqu'à présent [2]. »

Cette circonstance ou une autre analogue —
on n'est pas vacciné pour avoir essuyé ce désagrément — nous vaut l'amusante anecdote rapportée sous le titre : *Confession de Vestris.*

Ce fils chéri du dieu de la danse, dans ses exercices de chorégraphie, reçut un coup de pied de Vénus,
qui l'obligea à garder l'appartement, et son père,
sans le croire en danger, l'invita à profiter de cette
indisposition pour se confesser. A ce mot le jeune
homme croit que son père le plaisante, mais celui-ci

1. *Correspondance secrète*, tome I, p. 59 (4 juillet 1780).
2. *Le vol plus haut*, 1784, in-12.

insiste sérieusement, et très sérieusement aussi le
fils déclare qu'il ne veut pas se confesser. — Pourquoi ? puisque tu ne vas point au théâtre, tu peux
bien te confesser, ça ne fait pas mourir, et on en vit
plus tranquillement. J'ai un bon confesseur pour
moi et qui sera très accommodant pour toi. Je lui par-
lerai de toi pour qu'il te ménage. C'est un père capucin, très gai, très digne homme, bon vivant, qui
connaît le monde et qui, depuis quinze ans, reçoit
avec indulgence l'aveu de mes fautes et j'en suis fort
content. En un mot, c'est mon ami, je te l'amènerai
demain. — Non, non, mon père, s'efforce de dire
Auguste, ne m'amenez point votre capucin, qu'il
aille à tous les diables. Et pourtant le lendemain
Vestris père arrive avec le père Agathaume, capucin
indigne, mais de bonne mine, et surtout sans aucune
apparence de cafarderie. Il s'approche du jeune
homme, le salue avec bonté et s'applaudit franche-
ment de la mission dont il est chargé. Auguste se
défend ; le capucin insiste, mais n'obtient rien ; enfin, le père Vestris se met, pour ainsi dire aux genoux
de son fils en lui disant: — Auguste, mon ami, fais
cela pour l'amour de moi, et après ta confession nous
déjeunerons tous trois ensemble quoique le père capucin soit dans l'habitude de ne rien prendre à jeun.
Je sais ce qui t'embarrasse pour te confesser, tu ne
sais par où commencer, parce que tu n'as pas l'habitude ; mais je vais t'aider et je le puis, car je connais
un peu tes fredaines.

D'abord, père capucin, je vous dirai que mon fils,
et il ne me démentira pas, est très mondain, très
friand du beau sexe, et il doit premièrement s'accu-

ser d'avoir eu des femmes mariées. C'est très mal !
Je lui ai dit plusieurs fois : une femme mariée ne s'appartient pas, elle trompe son mari, oublie tous ses
devoirs et c'est ta faute. Faut le dire au père capucin
qui te le pardonnera, parce que lui-même il a eu des
femmes mariées et moi aussi. *Je m'en suis confessé.*

Je sais encore que tu as eu des jeunes personnes,
des demoiselles de toutes conditions, c'est très mal !
Je te l'ai souvent dit. Tu as à te reprocher d'avoir
fait goûter à des jeunes personnes des plaisirs qui ne
sont réservés que pour l'état du mariage, n'est-ce pas,
père capucin ? C'est très mal de débaucher des jeunes personnes. Tu as eu très grand tort. Mais tu peux
en convenir au père capucin, parce qu'il a connu
aussi de jeunes demoiselles, je le sais, et moi aussi,
j'en ai connu, mais *je m'en suis confessé.*

Tu dois aussi déclarer, parce qu'il faut tout dire,
que tu as connu des petits garçons. Oh ! pour ça c'est
extrêmement mal. Nous ne sommes pas ici en Italie.
En France, on y regarde de plus près, et on a bien
raison. Tant qu'il y a des femmes on ne devrait pas
s'amuser avec des petits garçons. La passion justifie
tout, me diras-tu ; c'est bon ; mais ce n'est pas bien.
Il faut t'en confesser, et le père capucin qui a demeuré à Florence, où je l'ai connu, a eu aussi des
petits garçons, je le sais bien, et moi aussi j'en ai
connu. *Je m'en suis confessé.*

Tu peux achever maintenant tout seul ta confession. Voilà l'essentiel. Je vais faire mettre le couvert
pour déjeuner, et je viendrai vous chercher [1].

1. *Mélanges érotiques* par M. G***, Paris, 1827, in-16, p. 180-184.

Remis de ses péchés par procuration paternelle, Auguste en état de grâce reprit de plus
belle le cours de ses galants exploits. Il céda
aux avances de Mlle Coulon, attrayante danseuse, dont le genre, noble sur la scène, se familiarisait dans le tête-à-tête. Elle avait débuté
à l'Académie royale de musique en 1780 ; puis,
après avoir abandonné Paris pour Londres, elle
était revenue de cette ville ayant fait de sensibles progrès. La haute protection du prince
de Soubise l'avait lancée dans le monde galant,
mais son penchant pour les hommes ne lui permettait pas une longue stabilité ; Mlle Coulon
tomba dans les bras de Dugazon, le frère de
Mme Vestris du Théâtre-Français. Elle faillit s'attacher aux qualités vigoureuses du comédien,
mais il eut le malheur « de tomber douloureusement dans un buisson d'épines en comptant
cueillir une rose. Il eut la délicatesse de ne
point faire partager sa déconvenue à Mlle Coulon et de lui avouer, *la larme à l'œil*, la faute
dont il s'était rendu coupable [1]. » Cela suffit à
rompre le charme. Pour se venger, la danseuse
passa au compte de Gardel fils, et bien qu'elle
l'aimât tendrement, elle céda aussi aux instances de Nivelon. C'est à ce moment qu'elle partit en Angleterre. A son retour, distinguée par

1. *La Chronique arétine*, 1789, in-8°.

l'heureux résultat de son nouveau début où on l'admira surtout dans les sauts perfectionnés qu'elle accomplit en faisant voir « au moins dix fois, dans de très longues pirouettes, le plus haut bouton de son caleçon [1] », Mlle Coulon jeta son dévolu sur Vestris fils « afin qu'on ne pût lui reprocher un manque d'égards pour aucun de ses camarades [2]. »

Ce semblant de charité cachait bien un désir sérieux d'avoir le célèbre danseur qui, dans la même représentation des « débuts anglais », s'était surpassé dans le premier pas qu'il avait dansé seul, et que la cabale accueillit avec des bravos et des applaudissements. Il avait aussi ce jour-là dansé avec la Guimard, et ensuite deux élèves de son père, Mlles Helisberg et Roze, s'étaient fait remarquer en montrant, comme Mlle Coulon, le haut de leur caleçon [3].

Car Auguste présidait aux leçons que son père donnait encore, c'était à lui qu'il fallait plaire, quand il n'exigeait pas d'autres complaisances. Dans ces études, les bons principes chorégraphiques alternaient avec les mauvais conseils d'insubordination. Les Vestris voulaient être

---

1. ARCHIVES NATIONALES, 0¹619. *Lettre de Dauvergne à La Ferté.*

2. *La Chronique arétine,* 1789, in-8°.

3. ARCHIVES NATIONALES, 0¹618. *Lettre de Dauvergne à M. de La Ferté* (12 juillet 1788).

les seuls maîtres, avoir leurs élèves souples et dociles à leurs ordres, ils les terrorisaient par leur autoritarisme.

La mère de Mlle Roze, qui venait d'entrer à l'Opéra, confie à M. Dauvergne les procédés de Vestris, pendant que sa fille choisissait des habits : « Sa mère est restée avec moi, dit le directeur, je lui ai fait avouer que le sieur Vestris lui donnoit de mauvais conseils ; elle m'a demandé le secret sur cela ; parce que si cet homme savoit qu'elle eût parlé, cela nuiroit beaucoup à sa fille. Je l'ai fort assurée qu'il n'en sauroit rien. Elle m'a ajouté que le ministre vouloit hier l'envoyer chercher pour lui laver la tête ; mais que sa fille et elle l'avoient supplié de n'en rien faire dans la crainte qu'il ne négligeât la jeune fille [1]. »

L'autre débutante, Mlle Helisberg, avait su gagner la faveur de Gaétan en accordant ses bonnes grâces à Auguste et par cela elle supplanta une autre élève, Mlle Laure. C'était pendant un voyage de Vestris fils en Angleterre. Mlle Laure, après son premier début, promettait d'être un bon sujet. Elle fut, par le départ d'Auguste, empêchée d'accepter aucun pas de danse pendant son absence. Gaétan lui promettait de

---

1. ARCHIVES NATIONALES, 0¹619. *Lettre de Dauvergne à M. de La Ferté* (3 avril 1788). Mlle Roze débuta en 1787.

la faire briller dans une nouvelle entrée pour
ses seconds débuts. Elle accepta forcément ce
retard, mais au retour de Vestris il ne fut plus
question de l'avantageuse condition. Auguste
ramenait avec lui Mlle Helisberg. « Cette nouvelle conquête changea tout d'un coup le caractère du sieur Vestris père. » Il se borna à faire
danser à Mlle Laure un air ajusté de Gardel et,
le lendemain, le maître conseillait à la mère de
son élève de retirer sa fille, pendant un an ou
deux. La dame se récria. On accorda que
Mlle Laure danserait encore une fois. L'accueil
favorable qu'elle reçut du public ne déconcerta
pas Vestris qui persista. Il lui défendait de
danser le jeudi suivant et de prétexter une
maladie. La demoiselle, soupçonnant la mauvaise volonté de Vestris, s'en fut trouver le
directeur. Elle apprit que la veille Auguste avait
refusé de danser avec elle « sous prétexte qu'elle
était trop petite ». Indignée, Mlle Laure offrit
de danser avec un autre partenaire et obtint un
franc succès. Toutes ces petites intrigues de la
part des Vestris avaient pour objet de faire débu-
ter Mlle Helisberg à la place de Mlle Laure et
elles suggérèrent ces réflexions à M. Dauvergne:

Qu'une femme jalouse ait subjugué un jeune
homme au point de lui faire commettre des choses
déplacées, cela n'est malheureusement pas bien éton-

nant. Mais qu'un père, que l'âge et l'expérience doivent avoir rendu raisonnable, prête les mains à cette indigne manœuvre, qu'il se soit tout d'un coup déclaré l'ennemi d'une élève, pour l'instruction de laquelle il a obtenu une pension du gouvernement et à qui il a fait payer chèrement ses leçons, voilà ce qu'on ne peut concevoir sans indignation [1].

Le directeur était d'autant plus propice à Mlle Laure que les élèves sortant de chez Vestris apportaient au théâtre ses exigences et ses caprices. Il les note soigneusement tout en reconnaissant leurs qualités :

Roze. — La meilleure danseuse dans le genre noble. Elle se rend difficile pour le service, par les mauvais conseils de son maître, le sieur Vestris père.

Helisberg. — Jolie danseuse, encore difficile par les conseils de son maître, le sieur Vestris père [2].

M. Dauvergne qui fait les remarques précédentes le 14 août 1788, et qui ne découvrira les menées des Vestris que le 4 septembre 1788, se borne à mettre en regard du nom de Mlle Laure :

Cette jeune fille ne fait en ce moment aucun service pour cause de maladie de femme.

1. Archives nationales, O¹ 622 (4 septembre 1788).
2. Archives nationales, O¹ 619 (14 août 1788).

Preuve que Gaétan tenait bien son élève éloignée du théâtre.

Le corps de ballet s'honorait de danser avec Auguste. Certaines danseuses voulaient même ne danser qu'avec lui, entre autres Mlles Perignon et Helisberg, qui se virent infliger cent livres d'amende pour avoir refusé de danser : la première, avec le sieur Goyon, excellent danseur ; la seconde, avec le sieur Laborie, pourtant joli au possible ; tandis que Vestris fils faisait au foyer sa parade ordinaire, disant qu'il avait mal à la jambe et mal à la gorge [1].

Auguste Vestris courut de la brune à la blonde, sans se fixer sur aucune des fleurs qu'il effeuillait, jusqu'en 1795.

Il y avait alors à l'Opéra une toute jeune danseuse qui avait débuté en 1793, sous le nom d'Aimée. Née en 1777, Anne-Catherine Augier, par son charme, par sa décence, s'attira toutes les sympathies. Modeste, elle acceptait les éloges et les applaudissements que lui valaient sa joliesse et son talent encore à son aurore. Auguste fut bientôt attiré par le charme de la gracieuse Aimée. Elle se laissa prendre au verbiage pompeux du prétentieux danseur et céda à ses instances empressées. De leur union naquit Armand Vestris.

1. ARCHIVES NATIONALES, O'619.

Auguste crut sérieusement à la durée de son amour. Il épousa Mlle Aimée, en 1795 et vécut quelque temps fidèle à son serment. Mais sa nature inconstante reprit le dessus, il recommença son galant vagabondage. Le malheur est que sa femme, aimante et dévouée, souffrait des escapades du libertin. Mlle Aimée ne possédait pas ce tempérament d'artiste qui accepte délibérément le partage, ou qui se console en rendant la pareille. Elle croyait que s'étant donnée toute, elle méritait que son mari observât la foi jurée. Vestris se souciait peu des timides remontrances qui accueillaient ses retours auprès de sa femme. Peut-être aussi gémissait-elle un peu trop sur leur situation financière alors assez embarrassée au point que les sieurs Foncier, Malise et Cousin, bijoutiers, rue Saint-Honoré, allèrent jusqu'à faire opposition sur leurs appointements pour deux mille six cent soixante-trois francs qui leur étaient dus depuis un an [1]. Vestris repartait bientôt, insouciant, courir le guilledou de plus belle.

Dans ses prouesses, jusqu'alors sans conséquences, il fit la conquête de Mlle Chameroy. C'était une élève de Gardel, qui avait débuté le 19 février 1796 à l'âge de dix-sept ans. Vestris fils s'attacha à cette fille et bientôt leur liaison

---

1. Archives de l'Opéra. *Dossier Vestris.*

ne fut un mystère pour personne. Cruellement atteinte dans son amour, la jeune Mme Vestris ne put supporter la nouvelle perfidie de son mari. Incapable de basse vengeance, d'esclandre indigne de sa fierté, elle préféra se sacrifier. Désespérément elle se frappa de deux coups de couteau. Mme Vestris réchappa de ses blessures, sans que son action pitoyable réussît à détacher Auguste de Mlle Chameroy. Ils voyagent ensemble, ils vont à Montpellier, à Lyon, et leurs déplacements occupent les journaux.

Il y a à peine huit jours que sur la foi des journaux, lit-on dans le *Courrier des Spectacles*, un particulier voulut soutenir et même parier que Vestris et Mlle Chameroy n'étoient plus de ce monde. J'avois beau lui dire que les nouvelles venant des bords de la Garonne étoient suspectes ; il tenoit à son sentiment ; et quoiqu'il eût vu sur l'affiche annoncer la rentrée prochaine de ces deux charmants artistes, il persistoit dans son incrédulité. Il faut espérer qu'il sera revenu de bonne foi de son erreur hier soir en voyant reparaître Vestris et Mlle Chameroy dans le ballet de *Paris* et dans *Hécube* [1].

Cependant la délaissée, Mme Vestris, continue d'apitoyer même les plus cinglants libellistes. Dumersan, qui ne passe pas pour une bonne langue, dit à son sujet :

1. *Courrier des Spectacles*, 16 nivôse an X.

On peut encore se rappeler l'aventure tragique de cette victime de l'amour conjugal. S'il m'était permis de m'écarter un moment de mon sujet, je demanderais à son volage époux quel démon ennemi de son repos et de ses plaisirs a pu le porter à préférer la rose au bouton, dans ses liaisons avec Mme Ch..., très aimable sans doute, mais qui ne saurait effacer les grâces de la charmante Vestris [1].

Mlle Chameroy, qui ne songeait nullement à se suicider, devait mourir prématurément; elle succomba en effet d'une affection de poitrine le 25 octobre 1802. Elle était âgée de vingt-trois ans et ses obsèques donnèrent lieu à un scandale. L'abbé Marduel, curé de Saint-Roch, dans sa rigidité dévote, refusa de prier pour la danseuse et de la recevoir dans son église. L'assistance, révoltée par cet acte honteux de la part d'un prêtre, voulait briser les grilles et n'en fut empêchée que par le comédien Dazincourt. Le corps fut conduit à l'église des Filles Saint-Thomas. Le curé, Ramon de la Lande, plus accommodant, reçut le convoi et fit le service avec toute la solennité ordinaire [2].

Il est douteux que Mme Vestris, une fois débarrassée de cette rivale, ait été enfin heu-

----

1. [DUMERSAN]. *Le coup de fouet, ou revue des théâtres*, 1802 in-16, p. 93.

2. *Courrier des Spectacles*, 27 vendémiaire an X.

reuse. Bien que sa beauté eût résisté à ses infortunes, Auguste ne paraît pas être de nouveau revenu vers elle. Tout chez la jeune femme
semble indiquer qu'elle se consuma lentement
d'amour. Le poète Mendouze l'a très bien remarqué dans le petit poème qu'il lui adressa :

A Mme AIMÉE VESTRIS.

*Après avoir représenté l'Amour dans le ballet
de Psiché.*

J'avois pensé jusqu'à ce jour
Que tu pouvois paraître ou Vénus, ou les Grâces,
Ou Flore dont Zéphir aime à suivre les traces ;
Mais comment te nommer lorsque tu les effaces
  Par mille attraits inconnus à leur cour ?
Peut-on ne pas brûler quand on voit tour à tour
Des Grâces sur ta bouche éclore le sourire,
  Lorsque Vénus te donne pour séduire
  Et sa langueur et son regard d'amour ?
Falloit-il rendre encor ta victoire plus sûre
  En y joignant un prestige nouveau ?
  N'avois-tu pas assez de ta ceinture ?
Falloit-il que l'Amour te prêtât son bandeau ?
  Aimée, ah ! falloit-il encore,
  T'armant des traits du Dieu vainqueur,
  Exprimer avec tant d'ardeur
Le trouble et les désirs dont le feu te dévore ?
Qui t'inspire ces feux ?... Dois-tu tout à ton art ?
  Est-ce ainsi que ton cœur soupire ?
Quand tu veux plaire as-tu cet aimable délire ?

Cet air touchant et ce tendre regard ?
S'il est ainsi, jamais rien ne pourra détruire
De ta beauté le charme séducteur.
Cet arc et ce carquois sont d'un frivole empire,
Mais ton regard et ton sourire
Sont des moyens plus sûrs pour enivrer un cœur.

Oh ! combien j'admirois ta forme enchanteresse !
De ta jambe et ton pied les contours délicats ;
De ta taille en un mot la grâce et la souplesse,
Et l'élégance de tes pas.

Ah ! désormais, Vestris, je t'en conjure,
Sois moins sensible et tendre en exprimant tes feux.
Quand tu seras Vénus cache bien ta ceinture ;
En Amour, baisse plus ton bandeau sur tes yeux [1].

Insensible à ces témoignages d'admiration qui eussent enorgueilli toute autre qu'elle, Mᵐᵉ Vestris continua modestement de danser sans rechercher à faire valoir ses qualités. Sa réserve étonnait les vieux habitués des coulisses, peu accoutumés à une semblable retenue, et ils en recherchent la cause.

« Taille élégante, jolie figure, talent exact. Mais Mᵐᵉ Vestris n'est ordinairement chargée que des rôles secondaires, et ne paraît pas posséder de l'enthousiasme de son art. Faite pour prétendre au premier rang, où elle serait sans cesse tourmentée par l'envie, elle préfère de se

1. *Courrier des Spectacles*, 5 mai 1805.

confondre dans la foule des danseurs médiocres que les cabales laissent en repos. A-t-elle
tort ? A-t-elle raison ? Chacun en jugera à sa
manière ; elle sera blâmée par l'artiste, et approu-
vée par le philosophe... si toutefois le philosophe s'occupe jamais de l'Opéra [1]. » Au contraire
de son mari, triomphant sans vergogne, avec
bruit, Mme Vestris cachait sa supériorité et ses
vertus. Sa sensibilité avait besoin d'une grande
affection, sincère et délicate. Incomprise, délaissée, elle mourut de langueur en août 1809, rue
Mably, à l'âge de trente-deux ans [2].

1. M*** (vieux comédien). *Revue des Comédiens*, 1808, in-12.
2. *Affiches, annonces, avis divers* (23 septembre 1809). Le
nom de Mably fut donné à la rue d'Enghien de 1792 à 1815.

CHAPITRE XVII

DERNIÈRES ANNÉES DE GAÉTAN

L'Opéra pendant la Révolution. — Mort de Violante Vestris. — État précaire des Vestris. — Anecdote. — Gaétan demande à loger au Louvre. — L'habitation de Flesselles. — Lettres d'Auguste. — Son
déclin. — Mort de Thérèse. — Mme Heinel la suit.
— Mort de Gaétan. — Son éloge.

La Révolution n'inquiéta guère les artistes
de l'Opéra. La musique et la danse ne furent
pas jugées trop subversives par les terribles
sans-culottes, et, sous le titre de *Théâtre des
Arts*, l'ancienne Académie royale de musique
continua ses représentations. Les livrets d'opéra
trouvèrent grâce devant la censure chicanière
du peuple, féroce pour les œuvres dramati-
ques. On arrangea les programmes à la mode
du jour en exécutant des hymnes patriotiques
et des variantes de la *Carmagnole*.

Au commencement de la grande lutte des
partis révolutionnaires, les Vestris eurent à

déplorer la mort de Marie-Violante-Catherine.
L'ancienne chanteuse des Concerts spirituels, la
brune Violante, la plus jeune des Vestris venus
d'Italie, décéda la première, à l'âge de cinquante-
huit ans [1]. Elle mourut au milieu des siens le
23 avril 1791, et fut inhumée dans les caveaux
de l'église de la Madeleine.

Avec ce deuil qui les affecta douloureusement,
les Vestris se virent atteints dans leurs moyens
d'existence par la suppression de leurs pensions.

Comme la cigale de la fable, Vestris père, et
Thérèse, qui avaient beaucoup gagné, ne parais-
sent pas avoir été prévoyants. Le seul bien que
nous trouvons à Gaétan est le prix d'une grande
maison, près de l'ancien parc de Bagnolet, qu'il
acquit le 1er octobre 1783 moyennant trente
mille livres et qu'il revendit, le lendemain même
de l'achat, à Claude Prévoteau, négociant, rue
Platrière [2]. Que devint l'argent qu'il tira de cette
vente ? Nous voyons bien les Vestris laisser
passer la Terreur sans réclamation, mais dès

---

1. L'an mil sept cent quatre-vingt-onze, le vingt-quatre décembre, a été inhumé dans les caves de la nouvelle église, le
corps de Marie-Violante-Catherine Vestris, fille majeure, décédée d'hier, rue Sainte-Croix, en cette paroisse, âgée de cin-
quante-huit ans ou environ, en présence de Gaétan Vestris,
son frère, et d'Auguste Vestris, son neveu, témoins qui ont
signé. (ARCHIVES DE LA SEINE. *Reconstitution des actes de l'état
civil de Paris*.)

2. ARCHIVES DE LA SEINE. *Lettre de ratification*, 15189.

le 22 décembre 1795, Auguste fait valoir les offres magnifiques qu'on lui propose à l'étranger.

Les artistes de l'Opéra écrivent au directeur général de l'instruction publique, pour lui dire qu'ils sont obligés de dédommager Vestris des avantages qui lui sont soumis. Ils l'ont déterminé, disent-ils, à « préférer sa Patrie à une terre étrangère et ennemie ». Ils ajoutent qu'ils s'estimeraient heureux d'indemniser Vestris d'une « manière convenable », mais que le Théâtre des Arts, bien qu'ayant des recettes brillantes, en apparence, n'en a pas le pouvoir. « Il appartient donc à la munificence du gouvernement de trouver les moyens de récompenser le dévouement de Vestris [1]. »

Le comité de l'Opéra tenait évidemment à la présence du fils Vestris. Déjà le 25 floréal an III, il lui avait accordé, conjointement à Mlle Maillard, une représentation à leur profit, dont l'administration avait supporté tous les frais. En ventôse, comme Vestris réclamait une place de 3.000 livres pour Mlle Simon sans craindre d'avouer « qu'elle ne méritait pas ce qu'il demandait, mais que c'était une faveur qu'il sollicitait, à laquelle il tenait plus qu'à tout ce

---

1. La lettre autographe signée : Rey, Gardel, La Suze, J.-J. Rousseau, Chéron, Lainez, Renaud, est en possession de M. Gustave Bord qui nous l'a obligeamment communiquée ainsi que d'autres documents.

qu'on pourrait lui offrir », le bureau arrête que la place demandée ne serait point accordée, mais qu'on s'excuserait auprès de Vestris [1].

Auguste, en bon fils, se charge aussi des requêtes de son père. Le 3 décembre 1797, il demande par pétition, au ministre de l'Intérieur, qu'on le fasse danser quatre fois pendant l'hiver [2]. Et l'on vit encore le vieux Vestris esquisser le menuet du ballet de *Ninette*. Hélas ! ses pas n'avaient plus l'assurance de sa belle jeunesse et n'offraient qu'un intérêt de curiosité, encore que Gaétan portât allègrement ses soixante-huit ans. En dehors de ces rares représentations, Gaétan enseignait l'art de la danse à son petit-fils, Armand, qui promettait d'égaler ses parents. Ces occupations imposées par la nécessité sont loin de justifier l'anecdote suivante rapportée par les Goncourt et reproduite par M. Loir :

C'était sous le Directoire. — Le célèbre danseur disait à un ami qu'il était ruiné.

— Bah !... ruiné ?

— Rouiné, je n'ai pas dou pain à me mettre sous la dent.

— Tu avais, je crois, encore une petite maison.

---

1. Archives de l'Opéra. *Registre des délibérations du comité.*
2. Archives de l'Opéra. *Dossier Vestris.*

— Qu'appelles-tu oune petite maison ! c'est bien oune beau et bon château, ma toutes mes pensions y sont supprimées et je n'ai pas dou pain.

— Voilà ce que c'est d'avoir un château et pas de terre.

— Point de la terre ! qu'est-ce que tou dis ! il y a septante et dix bons arpents de vigne et de patour ; mais je souis rouiné, mon ami, je n'ai pas dou pain.

— Les bestiaux manquent ?

— Et no ! trois paires de bœufs, dix cavali, trois ânesses, oune douzaine de pourceaux, oune centaine de moutons ; mais qu'est-ce que c'est que tout ça pour oune homme comme moi ! La Révolution m'a rouiné de fond en comble : ça est-il pas bien crouel pour oune homme comme moi, qui a fait le plaisir de la Cour et de la Ville ? Ma, mon ami, vois-tou, la rivière y coule pour tout le monde, à la *rive-risco*. Je vas voir si mon cabriolet, il est là. Tou viendras dîner demain avec moi ; je régale le phénix de la danse, *il mio figlio*. Le povero bambino ! quel dommage que je n'ai pas dou pain. Adio [1].

La pétition ci-dessous, adressée en nivôse, an VIII, à Bonaparte, nous met au courant de la situation précaire de Gaétan et des siens ; elle détruit en même temps l'imaginaire château :

1. Loin. *Anecdotes de théâtres*, 1875, in-12, p. 159.

Au général Bonaparte
Consul de la République Française.

Citoyen Consul,

Un artiste qui a pendant cinquante-trois ans employé tout son tems et tous ses talens à la perfection d'un art qui aujourd'hui ravit d'admiration l'Europe entière, s'adresse avec confiance à vous et sollicite l'amour et l'intérèt que vous portez aux beaux-arts. Cet artiste est Vestris, père de celui qui tient le premier rang dans la danse et grand-père d'un troisième Vestris dont le début, qui doit avoir lieu incessamment, présentera aux yeux du public une succession de trois générations de talens. Elle offre une anecdote si rare dans l'histoire de la danse, qu'elle intéressera sûrement votre bienfaisance en faveur de celui qui la sollicite.

Le citoyen Vestris père se trouve aujourd'hui dans une situation si déplorable qu'il est obligé de recommencer ses travaux pour faire subsister lui et une nombreuse famille qui l'environne. Forcé par cette nécessité, il abandonne le petit asile où il s'était retiré à la campagne pour venir s'établir à Paris dans l'espoir de faire des écoliers et d'y gagner de quoi vivre ; mais les faibles moyens qui lui restent ne lui permettent pas même de louer un appartement convenable à ses exercices.

Il vous suplie donc, Citoyen Consul, de vouloir

bien soit au Louvre soit dans quelqu'autre bâtiment civil à votre disposition lui faire donner un logement. Sa réputation le met au rang des plus célèbres artistes, et le dévouement qu'il a mis à consacrer sa jeunesse aux plaisirs du public, la quantité d'êtres distingués qu'il a formés, et ceux qu'il peut produire, tout lui assure un droit à la reconnaissance nationale. Mais ce qui peut le flatter davantage, c'est de devoir cette faveur à votre bienveillance particulière et nous nous joignons à lui pour vous prier de la lui accorder le plutôt qu'il vous sera possible.

La citoyenne Heynel, son épouse, réclame aussi de la justice des citoyens consuls, le même traitement qui est accordé aux anciens artistes de l'Opéra, et qui consiste à toucher une modique pension de 200 francs par mois. Tout le monde se souvient que le théâtre n'a jamais possédé une danseuse plus admirable et qui réunissait aux grâces de la nature ce que l'art avait formé de plus parfait.

Mais sa réclamation est fondée sur un titre plus positif : c'est que née étrangère elle a consenti à abandonner sa famille et ses foyers pour se fixer en France et venir enrichir notre scène lyrique par un talent si extraordinaire qu'il sert encore aujourd'hui de modèle aux danseuses qui cherchent à atteindre le dernier degré de la perfection.

Salut et respect,

VESTRIS [1].

1. ARCHIVES DE L'OPÉRA. *Dossier Vestris.*

Le premier Consul prit en considération la demande pitoyable de Gaétan qui, il faut le dire, insista, quand on lui répondit qu'aucun appartement n'était vacant au Louvre, pour qu'il lui soit accordé, en attendant, un local de sept à huit pièces dans une propriété nationale. On fit visiter plusieurs immeubles à Vestris. Il n'en trouva qu'un à sa convenance. C'était dans l'ancienne habitation de Flesselles, rue de la Loi, 332, au deuxième, un appartement composé d'une antichambre servant de salle à manger, un salon, deux chambres à coucher, deux cabinets de toilette, cuisines, deux chambres de bonne et remise pour bûcher [1]. S'il obtint cette demeure, il n'y resta pas longtemps. En 1801, Gaétan loge avec son fils, rue de Choiseul, 765, puis il ira habiter près de là, rue du Hanovre, avec sa femme et Thérèse.

Gaétan dressa son petit-fils et le mit en état de débuter. Effectivement, l'année 1800 vit ce prodige à l'Opéra, trois générations de Vestris. Gaétan, Auguste, Armand s'offrirent en spectacle. Les pas hésitants du vieillard qui terminait sa carrière et ceux de l'enfant qui la commençait, encadrèrent la danse assurée d'Auguste, dans toute la plénitude de son talent.

Deux ans plus tard, Auguste est proclamé le

---

1. Archives de la Seine. *Domaines*. Dossier 5741.

plus grand danseur d'Europe : « Grand faiseur de pirouettes et de tours de force, dit-on de Vestris II, connu également dans les salons et dans les guinguettes. Le citer comme le premier danseur de l'Opéra, c'est dire aussi qu'il est le premier de toute l'Europe dans cette partie si intéressante de nos jouissances et de nos plaisirs.

« Chaque fois que Vestris paraît, il excite l'enthousiasme et provoque d'innombrables applaudissements. L'Angleterre qui a tout fait pour se l'approprier a toujours trouvé dans ce danseur un cœur vraiment français [1]. »

La Révolution avait changé bien des choses, mais non pas le caractère de Vestris. Il était resté aussi contrariant, aussi insociable qu'auparavant. A chaque instant il mettait en pratique les principes inculqués par son père. Moins il danserait, plus on l'applaudirait. Et quand on doutait de ses allégations, il le prenait de haut ; répondait vertement :

25 nivôse an XII (16 décembre 1803).

Monsieur,

Lorsque j'ai mal aux pieds aucune puissance ne peut me faire danser.

---

1. [DUMERSAN]. *Le coup de fouet, ou revue des théâtres de Paris*, 1802, in-16, p. 91.

Vous me menacez d'une lettre écrite du directeur. Je la recevrai, mais je doute qu'elle puisse me
guérir la douleur que je ressens au tendon. Recevez
tous mes regrets et croyez que personne ne désire
plus que moi de faire son service.

J'ai l'honneur de vous saluer [1].

25 ventôse an XII (16 février 1804).

Monsieur,

L'interruption que j'ai mis à faire mon service, ne
doit nullement vous étonner ; vous en savez aussi
bien que moi la raison. Cette raison, monsieur, existe
encore et je ne prévois pas pouvoir reprendre mon
service avant quinze jours, étant obligé de prendre
des bains et des douges (sic) pour une petite douleur
qui m'est restée aux genoux. D'ailleurs disposés à votre gré de mes rôles, je vous prie de croire que je
n'y ai aucune prétention ; mais permettez aussi qu'un
artiste comme moi, après avoir servi la chose pendant trente ans, se repose quand le cas l'exige. J'ai
sacrifié ma fortune à l'Opéra, mais je ne compte pas
lui sacrifier ma santé ; c'est de quoi vous pouvez
bien assurer le préfet de ma part. Pour l'amende
dont vous me menacez, je ne suis plus dans ce cas,
c'est bon pour les nouveaux venus qui vous font la
loi, à qui vous direz ces menaces [2].

1. ARCHIVES DE L'OPÉRA. *Dossier Vestris.*
2. ARCHIVES DE L'OPÉRA, *Dossier Vestris.*

Ce n'est qu'en 1808, qu'on voit se manifester chez Auguste les premiers symptômes de fatigue et se refroidir l'enthousiasme du public. A peine est-ce sensible, mais on lui conseille, avec combien de ménagements, de rester sur sa gloire. Tout en rendant justice à l'incomparable danseur qu'il fut, qu'il est encore, le vieux comédien, qui fait la critique raisonnée des acteurs, le met en garde contre lui-même. Il dit :

> L'astre du jour à son déclin
> A souvent l'éclat de l'aurore.

Si Vestris n'était qu'un sauteur, un faiseur de pirouettes et d'entrechats, l'heure de la retraite serait sonnée pour lui ; son extrême légèreté et sa merveilleuse souplesse qui l'avaient rendu célèbre dans toute l'Europe commencent à l'abandonner, et il trouverait maintenant, au bal Coulon, plus d'un rival de dix-huit ans qui le vaincrait dans la cabriole ; mais à ces avantages physiques qu'il va perdre après en avoir tant abusé, Vestris a le bonheur de joindre le talent de la pantomime sur lequel l'influence du tems se fait moins rapidement sentir ; et où nos jeunes voltigeurs sont encore loin de lui être comparables. Qu'il sache donc conserver sa supériorité en ne la compromettant plus, qu'il suive ce conseil d'un poète chorégraphique :

> Laissez la gargouillade et les pas hasardeux.

Le nom de ce danseur au surplus doit durer autant que les fastes du grand Opéra. Auguste Vestris en s'illustrant n'a fait que se rendre digne de l'illustre auteur de ses jours ; et l'on ne trouvera peut-être pas trop étrange dans quelques centaines d'années, ce propos naïf de Vestris I: « Il n'y a que trois grands hommes, etc... »

La gloire du père et du fils fait pour ainsi dire partie de la gloire nationale et j'ai entendu dire à de riches étrangers que la réputation de ce dernier les avait seule déterminés à faire le voyage de Paris. Cet aveu est louable sans doute, mais si je crois devoir le rapporter c'est encore plus pour l'honneur de la danse française que pour celui desdits étrangers... [1].

Cette même année qui vit pâlir l'étoile de Vestris II fut aussi pour lui une année de deuil. Trois fois la mort vint, coup sur coup, frapper la famille : Thérèse, Mme Heinel et le grand Vestris, qui vivaient ensemble, rue du Hanovre, n° 17, furent successivement emportés.

Marie-Thérèse-Françoise Vestris décéda le 18 janvier 1808, à minuit, âgée de quatre-vingt-deux ans [2]. Celle qu'on avait jadis nommée la

1. M*** vieux comédien. *Revue des Comédiens ou critique raisonnée de tous les acteurs*, 1808, in-12.

2. Du mardi, dix-neuf janvier mil huit cent huit, onze heures du matin : acte de décès de Marie-Thérèse-Françoise Vestri, entière, âgée de quatre-vingt-deux ans, décédée célibataire le jour d'hier à minuit, rue d'Hanovre, n° 17, division Le Pelle-

belle Italienne était depuis longtemps oubliée. Elle vivait retirée, près de son frère, repassant les souvenirs joyeux de sa longue jeunesse et, probablement, n'en regrettant pas les écarts, puisque malgré ses excès, elle se voyait arrivée quand même à l'extrême limite de la vie normale.

L'épouse de Gaétan, Mme Heinel, suivit de près sa belle-sœur. Avec un passé moins longuement dissipé, moins exténuant aussi à cause de sa frigidité, Mme Heinel n'eut pas le bonheur d'atteindre son grand âge. Elle succomba le 17 mars à cinq heures du matin dans la même maison, rue du Hanovre[1] et ce jour-là, Auguste, annoncé sur le programme, eut du moins un prétexte sérieux pour ne pas danser. Six mois

---

tier. La défunte née à Florence. Les témoins ont été MM. Jean-Louis Beaufumée, rentier, demeurant rue de Gretry, n° 22, et Charles Magnier, demeurant aussi rue de Gretry, n° 22, tous deux amis de la défunte. (ARCHIVES DE LA SEINE. *Reconstitution des actes de l'état civil de Paris*. Expédition délivrée par Martin Deslandes, notaire à Paris.)

1. Du jeudi dix-sept mars mil huit cent huit, deux heures de relevée. Acte de décès de Anne-Frédérique Heinel, âgée de cinquante-six ans, née à Bayreuth, en Allemagne, décédée aujourd'hui à cinq heures, rue du Hanovre, n° 17, division Le Pelletier, épouse de Gaëtan-Appolline-Balthazard Vestri, pensionnaire de l'Académie impériale de musique. Les témoins ont été MM. Louis Beaufumée, employé, demeurant rue de Gretry, n° 22, ami de la défunte et Louis Deveria, menuisier, demeurant rue du Port-Mahon, n° 11, voisin de la décédée. (ARCHIVES DE LA SEINE.)

après, le 23 septembre 1808, Gaétan, âgé de soixante-dix-neuf ans [1], s'éteignait à son tour assisté de Beaufumé et Magnier qui semblent avoir été les amis de la dernière heure de la famille. On les retrouve témoins de tous les décès et on a pu voir plus haut qu'ils iront encore, l'année suivante, déclarer Angiolo.

La mort de Violante, celle de Thérèse et aussi celle de Mme Heinel avaient passé inaperçues du public. Aucun écho ne consigna leur disparition. Il n'en fut pas de même pour Gaétan qui eut les honneurs d'un long article nécrologique reproduit par le *Moniteur universel*. Le grave journal célèbre ses talents, vante ses qualités morales en ces termes :

L'Opéra a joui des beaux talents de cet artiste pendant quarante ans, et l'on peut dire que sa retraite a été l'époque d'une décadence dans son art. Après lui on a cherché la justesse, la légèreté et la hardiesse des mouvements, à la noble simplicité de la danse, à la sagesse de la composition, on a subs-

---

1. Du vendredi vingt-trois septembre mil huit cent huit, dix heures du matin. Acte de décès de Gaëtan-Appollin-Balthazar Vestri, artiste pensionné du gouvernement, âgé de soixante-dix-neuf ans, né à Florence, décédé cejourd'hui à six heures, rue du Hanovre, n° 17, division Le Pelletier, veuf de Anne-Frédérique Heinel. Les témoins ont été MM. Louis Beaufumé, employé, et Charles Magnier, tous deux amis du défunt. (Archives de la Seine. *Reconstitution des actes de l'état civil*.)

titué des tours forcés et périlleux, et tous les écarts d'une imagination brillante mais déréglée.

Vestris père, témoin de ces changements, a souvent exprimé le chagrin qu'il éprouvait de voir ainsi les règles méconnues et les beaux modèles oubliés. Il parlait de son art d'une manière très intéressante, et dans un âge avancé il donnait encore des leçons excellentes... Il s'était toujours distingué par une conduite et des mœurs honnêtes. Il était l'appui et le soutien de toute sa famille. Bon père, bon ami, bon époux, excellent citoyen, il jouissait de l'estime de tous ceux qui le connaissaient; nul artiste n'a mieux honoré l'art qu'il professait. Au milieu de toutes les séductions, il sut respecter les règles de la morale, et conserver des principes religieux. Il est mort dans sa quatre-vingtième année, des suites d'une maladie aiguë et douloureuse. Il avait perdu auparavant son épouse, femme estimable, qu'il chérissait tendrement, les soins qu'il lui donna lui firent négliger ceux dont il avait besoin lui-même, et son état devint incurable. Peu de temps avant sa maladie, il surprenait ceux qui connaissaient son âge, par la noblesse de son maintien, sa tenue toujours élégante et soignée, un air de santé qui permettait à peine de lui donner soixante ans. Il est mort avec toute sa présence d'esprit, après avoir réglé toutes ses affaires, et donné, au milieu des souffrances les plus vives, les marques d'une patience sans exemple et de la plus courageuse résignation [1].

1. *Moniteur universel*, 30 septembre 1808.

Vestris fut enterré au cimetière Montmartre
« dans le vallon à gauche en entrant. » Son tom-
beau consistait en une pierre horizontale de six
pieds de long sur trois de large ; sur cette tombe
on grava une couronne d'olivier et deux tor-
ches funèbres. A la tête s'élevait une autre pierre
en forme de cippe sur laquelle on lisait cette
épitaphe :

ICI REPOSE
entre sa sœur et son épouse
Gaetan a Pollin Baltazar
VESTRIS
ARTISTE
de l'Académie Impériale de Musique
Né à Florence
l'an 1728
Décédé à Paris
le 23 septembre 1808

—

Il fut
Célèbre dans son art
Adoré de sa famille
Chéri de ses amis
Admiré du public
L'amitié filiale lui a élevé ce
simple monument [1].

1. C.-P. ARNAUD. *Recueil de Tombeaux des 4 cimetières
de Paris*, 1817, in-8, p. 26, pl. 14. Les recherches que nous avons
faites pour retrouver la sépulture de Vestris sont restées vaines. Son nom ne figure même plus sur les registres du conser-
vateur. L'entrée du cimetière se trouvait alors à l'opposé de
celle d'aujourd'hui, du côté du nouvel hospice Bretonneau.

Vestris mourait en laissant un nom, ce nom qui lui était si cher et qu'il était fier d'avoir rendu célèbre dans toute l'Europe et, s'il entre un peu d'ironique gaîté lorsqu'on parle du diou de la danse, si l'on ne se souvient plus aujourd'hui que de ses reparties de ridicule vanité, que de ses discours de solennité burlesque, que de son tracassant amour-propre, on doit se rappeler aussi qu'il fut un grand artiste et aussi un bon homme.

APPENDICE

Second mariage d'Auguste. — Sa fin. — Adolphe Vestris. — Armand Vestris. — Il se marie en Angleterre. — Charles Vestris. — Françoise-Rosa Vestris.— Louise-Françoise Vestris. — Stéphanie-Charlotte-Athalie Vestris. — Étienne Vestris.

La tâche que nous nous sommes donnée s'arrête à la mort de Gaétan. Les Vestris sont innombrables et il serait fastidieux de les suivre tous, surtout qu'il faudrait les rechercher à l'étranger où la descendance d'Auguste émigra.

Quant à ce dernier, après ses gros succès de danseur, il resta encore à l'Opéra jusqu'en 1816. Le 31 octobre 1815 on lui avait écrit que l'Académie royale de musique, voulant faire une économie rigoureuse et indispensable, sa retraite et ses services cesseraient le 1er mai suivant [1]. Alors Auguste végéta dans un état voisin de la misère. Poursuivi par ses créanciers il est enfermé le 22 juillet 1819 à Sainte-Pélagie et on écrit à Bonnemère, caissier de l'Opéra, pour demander le secours de ses anciens camara-

---

1. Archives de l'Opéra. *Dossier Vestris.*

des, en le prévenant que passé vingt-quatre heures Vestris serait écroué [1].

Plus tard, bien qu'âgé de soixante-trois ans, Auguste se remarie, le 15 mai 1823, avec Jeanne-Marie Tuillière, qui n'en compte que vingt-neuf, et ce qu'il y a de particulier dans l'acte de mariage [2] c'est qu'Auguste se donne comme fils de Gaétan et de Mme Heinel quand son acte de baptême porte bien qu'il est fils de Mlle Allard et de Gaétan Vestris. On peut supposer, il est vrai, qu'il fut légitimé bien que l'acte ne mentionne pas ce détail.

Vestris fait encore en 1833 une vaine tentative en demandant au roi une place « honorifique au besoin » de directeur des ballets de la Cour [3].

Plus âgé que sa femme, Auguste mourut cependant après elle, le 5 décembre 1842, rue des Trois-Frères, n° 10. Comme sa tante Thérèse, il avait quatre-vingt-deux ans [4].

---

1. ARCHIVES DE L'OPÉRA. *Dossier Vestris.*

2. L'an mil huit cent vingt-trois, le quinze mai, à la mairie du deuxième arrondissement de Paris. Acte de mariage de Marie-Jean-Augustin Vestri, demeurant rue Bergère, n° 19, fils de Gaête-Appolline Balthazar Vestri et d'Anne Frédérique Heinel, tous deux décédés.

Et de Jeanne-Marie Tuillière, demeurant rue Bergère, n° 19, fille de Madeleine Tuillière et de père non dénommé. (ARCHIVES DE LA SEINE. *Reconstitution des actes de l'état civil de Paris.*)

3. Communication de M. Gustave Bord.

4. ARCHIVES DE LA SEINE. *Reconstitution des actes de l'état civil de Paris*). Marie-Jeanne Thuillier était morte le 4 mai 1842, rue des Martyrs n° 19. Ils furent réunis et dorment encore ensemble au cimetière Montmartre, 53, Avenue Cordier, 5e division, première ligne, où nous avons retrouvé leur sépulture.

L'autre fils de Gaétan et de Mme Heinel celui-là, Adolphe, nous n'en avons pas retrouvé de trace : il est possible qu'il soit mort tout jeune, car il ne figure sur aucun des actes que nous avons consultés. Pour ce qui est d'Armand Vestris, fils d'Auguste, il ne séjourna que peu de temps à l'Opéra. Le 20 octobre 1803, son père écrit au citoyen directeur Bonet qu'il a pour Armand de belles propositions à Milan, « mais l'intérêt que Mme Bonaparte a daigné prendre à lui » lui fait un devoir particulier de ne rien faire sans son agrément. Le lendemain le préfet arrête que la démission d'Armand est acceptée [1]. Vestris III passa en Italie, puis alla se marier en Angleterre où il épousa le 28 juin 1813 Eliza Bartholozzi, connue au théâtre sous le nom de miss Mathews [2].

Un autre Vestris, Charles, qualifié tantôt de neveu, tantôt de cousin d'Auguste, dansa pour la première fois à l'Opéra à l'âge de douze ans, le 3 octobre 1809, dans le deuxième acte de la *Caravane* et le 20 novembre on lui accorda quinze cents francs pour lui tenir lieu d'appointements [3].

Nous ne savons à qui attribuer la paternité de ce jeune Vestris, il est à présumer que c'est un petit-fils de Jean-Baptiste Vestris, celui qu'on nommait « le cuisinier » et qui a été le parrain d'Auguste.

Nous retrouvons encore dans nos notes l'acte de décès d'une nommée Louise-Françoise Vestris

---

1. ARCHIVES DE L'OPÉRA. *Dossier Vestris.*
2. *Moniteur des dates* (elle était née en 1797).
3. ARCHIVES DE L'OPÉRA. *Dossier Vestris.*

née en 1779 veuve de Sylvestre Pierson, morte à Paris, rue Copeau, nº 1, le 1ᵉʳ avril 1846 [1].

Un acte de mariage du 14 février 1832 nous révèle aussi une Stéphanie-Charlotte-Athalie Vestris, demeurant rue de Londres, nº 33, dont on ne donne pas les ascendants, qui s'allie à Jean-Joseph–Jules Defer, artiste, demeurant rue Soly, nº 13, fils de Jean-François Defer et Elisabeth Enin, son épouse [2].

Enfin un Étienne Vestris fut bibliothécaire du prince Henri de Prusse [3].

La liste est loin d'être complète, mais nous avons cru bon de donner tous les renseignements que nous possédions afin d'aider la besogne du courageux chercheur qui voudrait faire la généalogie des Vestris.

Paris, 11 juillet 1907.

1. Archives de la Seine. *Reconstitution des actes de l'état civil.*

2. Archives de la Seine. *Reconstitution des actes de l'état civil.*

3. *Moniteur des dates.*

INDEX ALPHABÉTIQUE

DES NOMS CITÉS

TABLE DES MATIÈRES

IV. — **Thérèse intrigue.**

V. — **Exil des Vestris.**

IX. — Prouesses galantes.

X. — Madame Vestris.

XI. — Mademoiselle Heinel.

XV. — Les récriminations d'Auguste.

XVI. — Auguste et les femmes.

ACHEVÉ D'IMPRIMER

le cinq avril mil neuf cent huit

PAR

Ch. COLIN

à Mayenne

pour le

MERCVRE

DE

FRANCE

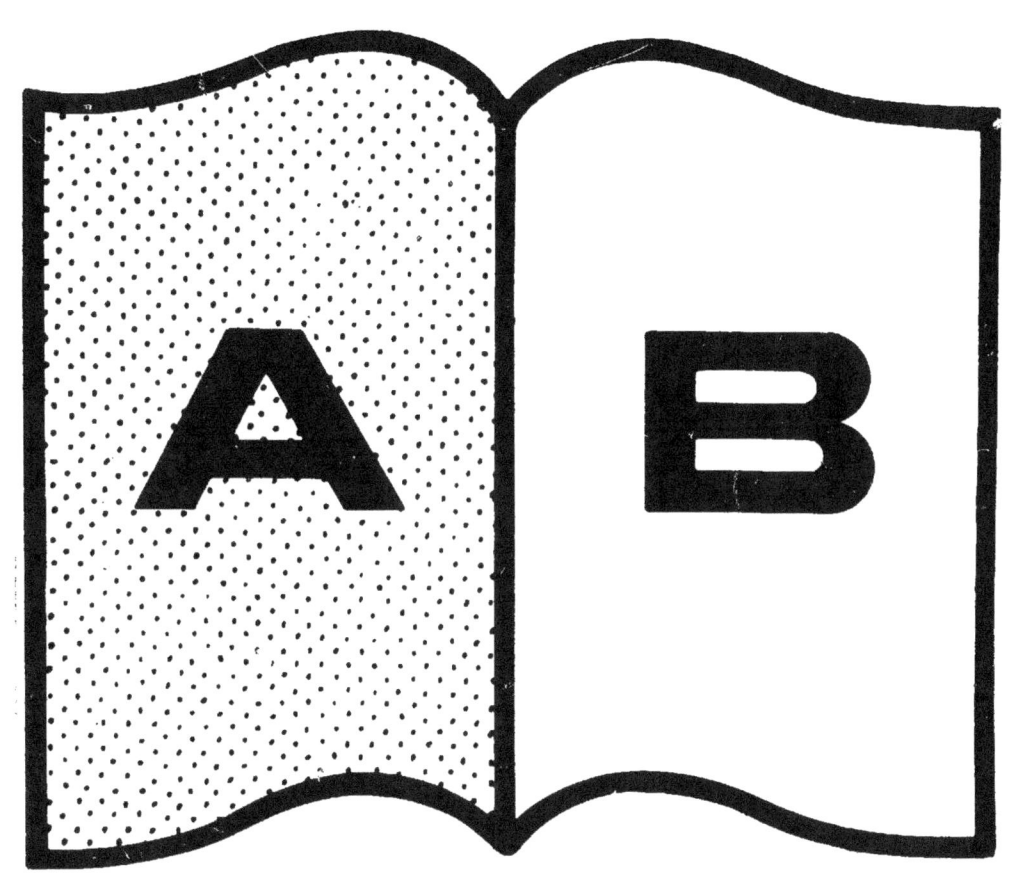

Contraste insuffisant

NF Z 43-120-14

Les Vestris : le diou de la danse et sa famille,
1730-1808 : d'après des rapports de police et des
documents inédits / Gaston Capon

http://gallica.bnf.fr/ark:/12148/bpt6k114746b

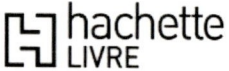 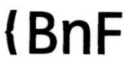 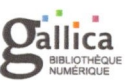 

9 782012 738027